8

Learning Therapy

학생용 워크북

학습치료 프로그램

시험불안 다루기 전략 및 시험 전략

최정원 · 이영호 공저

학지사

머리말

좋은 학업 성취를 위해서는 평균 이상의 지능, 학습능력, 공부에 필요한 구체적인 인지적 기술을 적절히 갖추고 있어야 한다. 이와 아울러 학습에 대한 긍정적인 생각과 태도, 목표의식, 동기 수준, 안정감, 자기 조절, 좌절을 견디는 힘, 노력과 끈기, 유연하고 창의적인 사고 및 자율성 등의 심리적 특성도 매우 중요하다.

예컨대, 지능이 우수하다고 할지라도 학습 동기가 부족하다면 결과적으로 좋은 성적을 거두기 어렵다. 또한, 지능과 학습 동기는 충분하지만 시험불안이 높은 경우와 학교, 또래관계 및 가족관계 등에서 스트레스와 심리적 불편감이 심한 경우에는 학습능률이 저하되며, 따라서 능력 발휘의 기회는 제한될 수밖에 없다.

학습치료 프로그램의 목표는 이와 같이 학업 성취에 영향을 미치는 다양한 원인들 간의 복합적인 관계를 파악하고 교정하여, 학업성취도를 향상시킬 수 있도록 하는 것이다. 이 프로그램은 총 12개 영역으로 구성되어 있으며, 그 내용은 다음과 같다.

1. 학습동기 향상 전략
2. 주의집중력 향상 전략
3. 기억력 향상 전략
4. 효과적인 읽기 및 필기 전략
5. 사고력 향상 전략
6. 효과적인 외국어 학습 전략 : 영어
7. 수학적 문제해결 전략
8. 기초학습능력 향상 전략
9. 시험불안 다루기 전략
10. 시험 전략
11. 효과적인 시간 및 공간 관리 전략
12. 학업 스트레스 관리 전략

시험, 평가, 경쟁의 연속인 시대를 살면서 비록 정도 면에서 차이는 있겠지만 시험불안을 겪지 않는 사람들은 없을 것이다. 적당한 수준의 성취 욕구, 경쟁심, 긴장 및 불안은 학업과 일에 대한 동기를 높이고, 수행의 효율성을 증진시킬 수 있다. 그러나 그것이 적정 수준 이상일 때는 상황이 역전하여 동기는 물론, 학습과 일의 효율성을 급격히 저하시킬 수도 있다. 따라서 시험불안을 주요 문제로 연구소를 찾는 대부분의 학생들과 부모님을 대할 때는, 적정 수준 이상의 불안을 야기하는 내・외적인 이유를 찾아보는 것이 필수적이다. 시험불안 다루기 전략에서 사용되는 인지행동적 기법들은 자기 이해를 기초로 한 일종의 자기 조절 훈련 프로그램이다. 공부와 학업 성취에 방해가 되는 불안을 없애 버리기 위해 급급하게 되면, 이 역시 또 다른 형태의 시험불안이 될 수 있다. 한 템포 속도를 늦추고, 겉으로 드러나는 불편 이면의 문제들에 관심을 기울이고, 자기 이해와 자기조절능력을 향상시킴으로써 궁극적으로 효과적인 공부와 학업 성취를 가능하게 하는 것이 시험불안 다루기 전략 프로그램의 목표라 할 수 있다. 시험불안 다루기 전략 프로그램은 시험불안의 정의와 증상 이해, 시험불안을 극복하기 위한 아홉 단계 및 불안을 다루기 위한 일곱 가지 다양한 기법들로 구성되어 있다.

시험 전략은 학습 전략의 하위 구성요소의 하나로서 시간적 대비, 시험 유형에 따른 대처법 및 효과적인 시험 치르기 등과 관련된 기술들을 습득하고 활용하는 것을 말한다. 시험 전략은 자기 관리 혹은 자기 조절, 시간 관리 및 시험불안 다루기 등과 밀접하게 관련되어 있다고 할 수 있다. 시험 전략 프로그램은 시험 준비 기술, 시험 치르기 기술, 시험 유형별 대처 전략 및 시험 후 학습으로 구성되어 있다.

2006년 7월

저자대표 최 정 원

e-mail: wise-mind@hanmail.net

차례

시험불안 다루기 전략

1. 시험불안의 정의와 증상 이해

2. 시험불안 극복하기

3. 시험불안 극복을 위한 그 밖의 전략들

시험 전략

1. 시험 준비 기술

2. 시험 치르기 기술

3. 시험 유형별 대처 전략

4. 시험 후 학습(posttest study)

학생용 워크북

학습치료 프로그램

시험불안 다루기 전략

1. 시험불안의 정의와 증상 이해
2. 시험불안 극복하기
3. 시험불안 극복을 위한 그 밖의 전략들

시험불안 다루기 전략 프로그램의 내용 및 세부 활동

프로그램의 내용	세부 활동
시험불안의 정의와 증상 이해	• 시험불안이란? • 시험불안의 증상을 알아보기 • 시험불안의 정도를 평가해 보기
시험불안 극복하기	• 시험불안을 극복하려면 • 첫 번째 걸음 : 인지 행동 요법이란? • 두 번째 걸음 : 생각 · 감정 · 행동(상황)을 구분하기 • 세 번째 걸음 : 자동적 사고 찾기 • 네 번째 걸음 : 자동적 사고의 기원 • 다섯 번째 걸음 : 나의 자동적 사고는 어떤 신념과 관련 있을까? • 여섯 번째 걸음 : 인지적 왜곡 • 일곱 번째 걸음 : 나의 생각에 도전하기 위한 질문 • 여덟 번째 걸음 : 생각에 도전하고 합리적인 생각으로 바꾸는 법 • 아홉 번째 걸음 : 시험불안의 정도에 대한 재평가
시험불안 극복을 위한 그 밖의 전략들	• 긍정적 자기 언어를 활성화하기 • 걱정하는 시간을 계획하기 • 심상 체인지 • 심상을 통한 대처법 • 생각 중지법 • 나의 PMI 분석 • 긴장이완을 위한 방법

1. 시험불안의 정의와 증상 이해

1) 시험불안이란?

시험불안이란 시험에 대한 과도한 불안으로 인하여 시험 공부에 지장을 받거나 시험을 볼 때 곤란을 경험하는 것을 말합니다. 여기서 말하는 곤란은 인지적, 정서적, 생리적, 행동적 측면에서의 어려움을 말하는 것으로서 대표적으로 결과에 대한 걱정, 주의집중의 어려움, 긴장과 불안, 두근거림 및 안절부절못함 등이 있습니다.

시험을 앞두고 얼마간의 불안을 경험하는 것은 자연스러운 일이며, 시험을 준비하는 데에도 긍정적 영향을 미칩니다. 그러나 정도가 지나치면 오히려 시험 준비와 결과에 부정적인 영향을 미치게 되어 스트레스가 증폭되며, 결국 불안이 더 심해지는 악순환을 가져오기도 합니다.

2) 시험불안의 증상을 알아보기

다음 내용 중 자신이 자주 겪는 경험에 표시해 보세요.

- ________ 두근거림
- ________ 떨림
- ________ 손에 땀이 남
- ________ 안절부절못함
- ________ 온 몸과 머리가 굳어 버리는 듯한 느낌
- ________ 몸에 힘이 빠짐
- ________ 손톱을 만지작거리거나 물어뜯음
- ________ 화장실에 자주 가게 됨
- ________ 두통 · 지끈거림
- ________ 복통 · 설사
- ________ 식욕의 변화
- ________ 답답하고 호흡이 가빠짐
- ________ 얼굴이나 몸이 뜨거워짐 혹은 차가워짐
- ________ 신경이 잔뜩 곤두섬, 예민해짐
- ________ 긴장과 불안
- ________ 무서움과 공포감
- ________ 실망스러움
- ________ 우울감
- ________ 당황스러움
- ________ 주의집중이 어려움, 정리가 안 되고 산만해짐

- ________ 생각과 기억이 잘 안 남
- ________ 내용이 눈에 안 들어옴
- ________ 자꾸 딴 생각이 남
- ________ 잊어버렸을까봐 걱정이 됨
- ________ 모르는 것이 나올까봐 걱정이 됨
- ________ 시간이 모자랄까봐 걱정이 됨
- ________ 공부를 제대로 하지 못한 것은 아닐까 걱정이 됨
- ________ 시험을 망치지는 않을까 걱정이 됨

3) 시험불안의 정도를 평가해 보기

다음 중 자신에게 해당되는 내용에 ✔표시해 보세요.

내 용	거의 그렇지 않다	가끔 그렇다	자주 그렇다	항상 그렇다
학교에서 발표를 해야 할 경우 혹시 틀려서 창피를 당할까봐 걱정이 된다.	0	1	2	3
시험을 잘 못보고 오면 부모님께 야단을 맞을까봐 걱정이 된다.	0	1	2	3
선생님께서 시험에 대해 이야기하시면 가슴이 뛰기 시작한다.	0	1	2	3
반 아이들 앞에서 무엇을 하거나 시험을 볼 때면 가슴이 두근거린다.	0	1	2	3
수업 시간에 선생님께서 설명하시는 것을 다른 아이들은 더 잘 이해할 것 같은 생각이 든다.	0	1	2	3
내 성적으로는 내가 하고 싶은 것을 나중에 못 할까봐 걱정이다.	0	1	2	3
학교에서 치르는 시험이면 다 두렵다.	0	1	2	3
선생님께서 시킨 것을 잘 할 수 없을 때에는 그냥 울어 버리고 싶다.	0	1	2	3
시험을 잘 못보면 식구들 보기가 창피하다.	0	1	2	3
선생님께서 앞에 나와 문제를 풀 사람을 지명할 때 내가 지명될까봐 불안하다.	0	1	2	3
시험이 시작되기 직전에 더 떨린다.	0	1	2	3
성적이 좋지 않아 늘 기가 죽어 있다.	0	1	2	3
평소 알고 있던 것도 시험 볼 때면 생각이 잘 안 난다.	0	1	2	3
시험이 없어졌으면 좋겠다.	0	1	2	3
앞에 나가 문제를 풀 때 손이 떨린다.	0	1	2	3

앞에 나가 발표를 할 때 떨려서 준비했던 것도 제대로 발표하지 못하고 들어온다.	0	1	2	3
부모님은 내 시험 성적을 다른 애들과 비교한다.	0	1	2	3
애들 앞에서 말하거나 발표할 때 얼굴이 붉어지고 말이 막히거나 더듬게 된다.	0	1	2	3
저녁이면 내일 하루를 학교에서 또 어떻게 보낼까 걱정한다.	0	1	2	3
시험 볼 때 진땀이 나면서 손이 축축해진다.	0	1	2	3
시험을 다 치른 후에도 점수 때문에 걱정이 된다.	0	1	2	3
시험 점수가 나빠서 반 아이들이 따돌릴까봐 걱정이 된다.	0	1	2	3
시험 전날 내일 갑자기 무슨 일이 생겨서 시험을 보지 않아도 되었으면 하는 생각이 든다.	0	1	2	3
시험을 보는 동안에도 이 시험을 잘 못보면 어쩌나 하는 걱정이 된다.	0	1	2	3
아무리 평소에 공부를 많이 했어도 시험 때는 마냥 걱정이 된다.	0	1	2	3

나의 시험불안 점수는 ________________점

2. 시험불안 극복하기

시험불안을 극복하려면…

시험 성적은 학습한 내용을 얼마나 잘 이해했는지, 그리고 얼마나 노력을 했는지 반영해 주는 것이지, 자신의 지능, 능력, 성격 및 한 인간으로서의 가치를 반영해 주는 것은 아닙니다. 만약 시험 전에 불안을 느낀다면, 이는 곧 배움에 대해 관심이 있고, 성취에 대한 동기가 있다는 것을 나타내 주는 것이기도 합니다. 여러분이 공부에 관심이 없고 포기해 버렸다면 불안으로부터 해방될 수 있을지도 모릅니다.

따라서 시험불안을 무조건 병적인 것이고 나쁜 것으로 생각할 필요는 없습니다. 다만, 불안이 너무 심한 경우에는 주의집중, 기억, 이해 및 문제해결 등에 어려움이 생길 수 있으므로 주의 깊게 살펴보아야 합니다.

앞으로 시험불안을 다루기 위한 탐색과 연습의 과정을 거치면서 과도한 불안으로 힘들어하지 않으면서도 학업 수행을 잘 해 나갈 수 있는 용기와 힘을 갖게 될 것입니다.

이를 위해 꼭 기억하고 지켜야 할 사항이 있습니다.

첫째, 함께 하는 선생님의 안내를 받으며 협력적으로 합니다.
둘째, 성급하게 하지 말고 하나하나 단계적으로 해 나갑니다.
셋째, 과제는 반드시 성실하게 합니다.

1) 첫 번째 걸음 : 인지 행동 요법이란?

우리가 생활하면서 떠올리는 생각과, 느끼는 감정과, 겉으로 드러나는 행동들은 서로 밀접하게 관련되어 있습니다. 예컨대, 공부를 하는 학생이 '난 해도 안 돼.'라는 생각을 자주 한다고 가정해 보세요. '해도 안 된다는 생각'은 어떤 감정을 불러일으킬까요? 마음을 지치게 하고, 우울하게 하며, 좌절감 등을 느끼게 할 것입니다. 그런 상태에서 책을 잡고 있다면 공부가 잘 될 수 있을까요? 아마도 쉽게 피곤해지고, 자리에 눕고 싶거나, 공부가 아닌 딴청을 피울 가능성이 많아질 것입니다. 아니면 나름대로 끈기를 갖고 긴 시간 책상에 앉아 있다 할지라도 능률은 오르지 않고 오히려 지치고 힘겨운 마음만 더해 갈 수도 있습니다.

또 다른 예를 들어 볼까요. 어떤 한 학생이 '나는 늘 시험을 잘 못 봐.'라는 걱정을 자주 한다고 가정해 보세요. 시험 기간만 되면 어떤 기분이 들까요? 실패를 또 다시 경험해야 하니까, 불안하거나 불편해질 것입니다. 시험을 치를 때는 또 정말 못 보는 것은 아닐까 하여 조바심이 나고 떨리고 긴장하게 될 것입니다.

사람들은 세상을 볼 때, 그리고 자신을 볼 때, 그리고 미래를 볼 때 나름의 틀을 가지고 그것을 바라봅니다. 그 틀 속에 크게 자리잡고 있는 것이 바로 '생각'입니다. 생각은 오랜 시간을 거치면서 우리의 일부분이 되고 마치 분신과도 같은 역할을 하기도 합니다. 그 생각들 중 어떤 것들은 세상을 살아가는 데 많은 도움을 줍니다. 그것은 우리의 기분을 좋게 하고, 적응적이고, 긍정적이며, 유익하고, 그리고 합리적인 생각들입니다. 그러나 또 어떤 것들은 기분을 나쁘게 하고 괴로움을 줄 수 있는 생각입니다. 그것은 대체로 부적응적이고, 부정적이고, 비합리적인 생각들입니다.

좀 더 행복하게, 좀 더 만족스럽게, 좀 더 즐겁게 살아가기 위한 방법은 생각의 주인이 되는 것입니다. 나의 생각과 나를 이해함으로써 나와 세상에 대한 통찰을 얻고 자신의 잠재력을 충분히 발휘하며 살아갈 수 있도록 하는 것이 인지 행동 요법의 핵심이라 할 수 있습니다.

인지 행동 요법에서의 ABC 모델

A (Activating event)는 여러분이 경험하는 생활사건을,

B (Belief system)는 그 사건에 대한 여러분의 생각이나 신념을,

C (Consequence)는 생각과 신념에 따른 결과를 나타냅니다.

인지 행동 요법에서는 우리의 감정, 행동적 결과들(C)이 선행사건(A)으로 인해 유발되는 것이 아니라, 생각이나 신념의 체계(B)로 인해 유발된다고 말합니다.

그림으로 나타내면 다음과 같습니다.

예를 들어 생각해 보겠습니다.

한 학생이 학교에서 친구를 보고 손을 흔들었는데, 그 친구가 그냥 지나갔습니다. 두 학생은 이 사건에 대해 다음과 같은 경험을 합니다.

〈학생 1〉

친구가 그냥 지나갔다. ⇨ 뭔가 급한 일이 있는가 보다. ⇨ 나중에 무슨 일인지 물어봐야겠다.

〈학생 2〉

친구가 그냥 지나갔다. ⇨ 날 무시한다. ⇨ 화가 나고 우울해진다.

이것은 간단한 예입니다만, 우리는 삶 속에서 이와 같은 경험들을 자주 하게 됩니다. 앞에서 강조되었듯이, 우리 안에 자리잡고 있는 생각의 틀은 우리 자신, 타인, 세상 및 미래를 보는 관점에 영향을 미칩니다.

생각은 우리를 화나거나 짜증나거나 우울하게 만들기도 하며, 행복하거나 기쁘거나 만족스럽게 하기도 합니다. 우리 안에 자리잡고 있는 이 생각은 어떤 상황에 직면하면 매우 빨리, 자동적으로 머릿속에 떠오릅니다. 이것을 자동적 사고라고 부릅니다. 이에 대해서 하나하나 살펴보기로 하겠습니다.

2) 두 번째 걸음 : 생각 · 감정 · 행동(상황)을 구분하기

생각 · 감정 · 행동의 차이

우리는 행동은 분명하게 구분하지만, 생각과 감정을 혼동하는 경우가 많습니다. "~라고 느껴."라고 표현해도 사실은 생각인 경우가 많습니다. 예를 들어, "난 내가 어리석다고 느껴." 이것은 '느껴'라는 감정적 용어로 표현이 되었지만, 그것은 생각입니다.

감정이라는 것을 그렇게 생각해서 어떤 느낌이 드는지를 표현하는 것입니다. 즉, "내가 어리석다는 생각이 들어서 씁쓸해."가 제대로 된 감정 표현입니다.

- 생각은 나, 상대, 세상, 관점 등에 대한 자신의 의견, 관점, 평가 혹은 판단이다.
- 감정은 내가 그와 같은 생각, 의견, 판단과 관련하여 경험하게 되는 기분이다.
- 행동은 내가 관찰하거나 겪은 상황 혹은 나의 생각과 감정으로 인해 발생하는 행위(action)다.

생각 · 감정 · 행동을 구분하기

다음에 제시된 글을 보고 생각은 '생', 감정은 '감', 행동이나 상황은 '행 또는 상'으로 구분해서 표시해 보세요.

- ________ 불안하다.
- ________ 긴장된다.
- ________ 시험을 못볼 것 같다.
- ________ 시험을 망칠 것 같다.
- ________ 바보처럼 느껴진다.
- ________ 패배자 같다.
- ________ 아버지께서 화를 내신다.
- ________ 모든 걸 집어치우고 싶다.
- ________ 이제 희망이 없다.
- ________ 엄마가 실망할 것이다.
- ________ 선생님께서 눈살을 찌푸리셨다.
- ________ 머릿속이 텅 빈 것 같다.
- ________ 절망스럽다.
- ________ 아무것도 할 수 없을 것 같다.
- ________ 아이들이 무시할 것 같다.
- ________ 가슴이 뛴다.
- ________ 걱정된다.
- ________ 막막하다.
- ________ 답답하다.
- ________ 나는 고지식한 것 같다.
- ________ 친구들이 나를 따돌린다.
- ________ 회피한다.
- ________ 나는 아둔한 것 같다.
- ________ 이 세상에 나를 진정으로 아끼는 사람은 아무도 없다.
- ________ 끝장이다.

3) 세 번째 걸음 : 자동적 사고 찾기

(1) 자동적 사고란?

처음 자전거 배울 때를 생각해 보세요. 핸들, 브레이크, 페달 등을 다루는 방법을 하나하나 배웁니다. 처음에는 페달에 신경을 쓰다보면 핸들 작동이 어렵습니다. 또 핸들 작동에 신경을 쓰다보면 균형 잡기가 어렵습니다. 다른 사람들은 이 어려운 것을 어떻게 배웠을까 싶은 생각도 합니다. 그러나 수차례 넘어지고 부딪치면서 결국 자전거 타기에 성공합니다.

그리고 숙달이 되면 어떻게 되나요? 친구와 함께 달리며 대화를 나누거나, MP3로 음악을 들으며 흥얼거리고, 예쁜 여학생(혹은 멋진 남학생)을 쳐다보거나, 주변의 차와 신호를 살피며, 때로 한 손으로 또는 두 손을 모두 놓고도 목적지를 향해 갑니다. 거의 반사적으로, 그리고 자동적으로 자전거를 타게 됩니다. 우리의 생각도 이와 크게 다르지 않습니다. 오랜 세월 몸에 익은 생각은 어떤 경험을 할 때 반사적으로 머릿속에 떠오릅니다. 이런 생각들은 언어적인 것일 수도 있고(예 : '난 역시 발표를 못해.'), 과거 속의 일이나(예 : 어린 시절 부모로부터 꾸중을 듣던 일), 이미지나 그림 같은 것일 수도 있습니다(예 : 혼자 외톨이가 되어 울고 있는 모습). 이와 같은 자동적 생각은 즉각적이고 순식간에 스쳐 지나가지만 우리의 감정과 행동에는 많은 영향을 미칩니다.

따라서 우리의 감정과 행동의 변화를 위해서는 자동적인 생각을 관찰하고 평가하며, 교정해 나가는 것이 필수적입니다. 자동적 사고를 다루기 위해서는 앞에서 연습해 보았듯이 우선 생각, 감정, 행동(상황)을 잘 구분하는 것이 필요합니다.

(2) 시험과 관련된 나의 자동적 사고 찾기

이제 자신이 시험이나 학습 상황에서 자주 하는 생각을 찾아보는 시간입니다. 지금이 시험 기간이라면 더 좋지만, 아니라도 괜찮습니다. 시험은 여러분에게 익숙한 생활 경험일테니까요.

이것을 위해서는 약간의 집중력이 필요하지만, 그렇게 어렵게 생각할 필요는 없습니다. 머리를 스쳐 지나가는 생각이면 무엇이든 좋습니다. 오히려 너무 골똘히 생각하는 것은 좋지 않습니다.

자, 시험에 대해 어떤 생각을 자주 하는지 떠올려 보세요.

시험 때나 공부를 할 때 내가 자주 하는 생각

1 ______________________

2 ______________________

3 ______________________

4 ______________________

5 ______________________

6 ______________________

7 ______________________

8 ______________________

(3) 사고 분석 게임 : 자동적 사고 찾기 연습

이제 몇 주일 동안 자동적 사고를 찾아보는 연습을 하겠습니다. 학교에서, 가정에서, 학원에서, 자습하면서 또는 TV를 볼 때나 친구들과 이야기를 할 때라도 언제든, 느낌과 감정의 변화를 주는 모든 생활 사건에서 자신의 마음속에, 머릿속에 스쳐 지나가는 생각들의 내용을 모아 보세요.

과도한 부담을 느낄 필요는 없지만 탐정, 예비 과학자 혹은 분석가가 된 느낌으로 자신의 머릿속에서 일어나는 생각에 관심을 기울이고 집중해 보세요.

기록의 예

- **상황** : 감정에 영향을 주었던 모든 사건
- **자동적 사고** : 당시에 떠올랐던 생각
- **기분** : 당시에 느꼈던 기분(기분의 정도를 0~100점으로 평가)

상 황	자동적 사고	기분(0~100점)
선생님으로부터 시험 발표를 들었다.	윽~ 죽었다. 도대체 시험은 왜 있는 거야?	불안해졌다(70) 짜증났다(80)

나의 자동적 사고 기록지

상 황	자동적 사고	기분(0~100점)

나의 자동적 사고 기록지

상 황	자동적 사고	기분(0~100점)

나의 자동적 사고 기록지

상 황	자동적 사고	기분(0~100점)

나의 자동적 사고 기록지

상 황	자동적 사고	기분(0~100점)

나의 자동적 사고 기록지

상 황	자동적 사고	기분(0~100점)

(4) 시험불안과 관련된 자동적 사고의 예

자동적 사고를 찾는 것이 좀 어려웠나요? 여기서는 시험불안과 관련된 자동적 사고의 예를 살펴보겠습니다. 자신의 생각과 닮아 있는 것에 표시해 보세요.

- ________ "성적이 이것밖에 안 되다니, 난 안 돼."
- ________ "시험에서 좋은 점수를 얻지 못하면 난 아무것도 할 수 없어."
- ________ "만약 시험에 실패한다면…. 그건 상상도 할 수 없어."
- ________ "어떻게 시험에 떨어질 수가 있지?"
- ________ "이번에도 잘 못볼 거야."
- ________ "나는 제대로 할 줄 아는 것이 하나도 없어."
- ________ "시험을 이렇게 망쳐 버렸으니 끝장이다."
- ________ "시험을 못보면 부모님(선생님, 친구 등)이 실망하실 텐데."
- ________ "시험을 못보면 이것밖에 안 되는 인간이라고 생각할 텐데."
- ________ "시험을 못보면 내가 못난 인간이라는 것을 입증하게 될 텐데."
- ________ "시험을 못보면 애들이 별것도 아닌 게…라고 생각할 텐데."
- ________ "시험을 못보면 결국 난 별 볼일 없는 사람이 될 텐데."
- ________ "시험을 못보면 부모님께서 호되게 야단을 치실 텐데."
- ________ "반드시 이번 시험에는 성적이 올라야 해."
- ________ "지난번 잘 못본 것은 우연이야. 이번에야말로 진짜 실력을 보여 줄 수 있어."
- ________ "다른 건 아무것도 소용없어. 학생 신분으로 있는 한 무조건 성적이 가장 중요해."
- ________ "재보다 내가 못보면 안 돼."
- ________ "지금은 성적만이 내 인생을 좌우할 수 있어."
- ________ "난 머리가 나빠."
- ________ "도대체 시험이 왜 필요한 건데?"
- ________ "왜 이렇게 힘들게 살아야 하지?"

4) 네 번째 걸음 : 자동적 사고의 기원

앞에서 예로 제시된 자동적 사고들은 어떤 특정한 신념으로부터 기원합니다. 이 분야의 유명한 학자인 Ellis는 이러한 신념의 예를 다음과 같이 제시하였습니다.

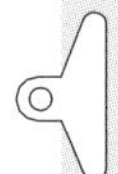

- 나는 알고 있는 모든 사람들로부터 사랑받고, 인정받고, 이해받아야 한다.
- 우리는 다른 사람에게 의존해야만 하고 의존할 만한 강한 누군가가 있어야 한다.
- 타인의 문제나 혼란스러움에 함께 괴로워하고 가슴 아파해야 한다.
- 어떤 사람은 나쁘고 사악하고 악랄하다. 그러므로 그런 사람들은 반드시 비난과 처벌을 받아야 한다.
- 완벽하고 사교적이고 성공을 거두어야만 인간으로서 가치가 있다.
- 모든 문제에는 가장 적절하고 완벽한 해결책이 있으며, 그것을 찾지 못하면 뭔가 큰일이 있어날 것이다.
- 일이 바라는 대로 되지 않는 것은 매우 슬프고 끔찍한 일이다.
- 불행한 일은 의지와는 상관없이 일어나며, 누구도 그것을 통제할 수 없다.
- 인생에 있어서 어려움과 주어진 책임에 직면하는 것보다는 이를 피하는 것이 더 쉬운 일이다.
- 위험하거나 두려운 일은 항상 일어날 가능성이 있으며, 커다란 걱정의 원천이 된다.
- 과거의 경험이나 상태가 현재의 행동을 결정하며, 우리는 과거의 영향으로부터 벗어날 수 없다.

5) 다섯 번째 걸음 : 나의 자동적 사고는 어떤 신념과 관련 있을까?

이제 자동적 사고가 앞에서 살펴본 신념 중 어떤 것과 관련될 수 있는지 찾아보는 연습을 하겠습니다. 예시를 살펴보고 상황, 스치는 생각, 감정 · 행동, 관련될 수 있는 신념의 유형을 기록해 보세요. 적당한 신념을 찾기 어렵다면 빈칸으로 남겨 두세요. 많이 기록하면 할수록 좋습니다. 적어도 하루에 하나는 기록하세요.

예시 1   년   월   일

상 황	성적표가 나왔다. 지난번보다 평균이 3점이나 떨어졌다.
스치는 생각 (자동적 사고)	성적이 이것밖에 안 되다니, 난 안 돼!
감정 · 행동	우울함 · 좌절 · 시험에 대한 두려움
어떤 비합리적 신념과 관련되어 있나	완벽한 기준에 도달해야 한다.

예시 2   년   월   일

상 황	내가 인사를 했는데, 선생님께서 별 반응이 없으셨다.
스치는 생각 (자동적 사고)	내가 성적이 떨어져서 실망하셨기 때문이야.
감정 · 행동	속상했다. 우울해졌다. 괜히 화가 났다.
어떤 비합리적 신념과 관련되어 있나	모든 사람들에게 인정을 받아야 한다.

나의 자동적 사고 및 신념 다이어리

년 월 일

상 황	
스치는 생각 (자동적 사고)	
감정 · 행동	
어떤 비합리적 신념과 관련되어 있나	

년 월 일

상 황	
스치는 생각 (자동적 사고)	
감정 · 행동	
어떤 비합리적 신념과 관련되어 있나	

년 월 일

상 황	
스치는 생각 (자동적 사고)	
감정 · 행동	
어떤 비합리적 신념과 관련되어 있나	

나의 자동적 사고 및 신념 다이어리

년 월 일

상 황	
스치는 생각 (자동적 사고)	
감정 · 행동	
어떤 비합리적 신념과 관련되어 있나	

년 월 일

상 황	
스치는 생각 (자동적 사고)	
감정 · 행동	
어떤 비합리적 신념과 관련되어 있나	

년 월 일

상 황	
스치는 생각 (자동적 사고)	
감정 · 행동	
어떤 비합리적 신념과 관련되어 있나	

나의 자동적 사고 및 신념 다이어리

년 월 일

상 황	
스치는 생각 (자동적 사고)	
감정 · 행동	
어떤 비합리적 신념과 관련되어 있나	

년 월 일

상 황	
스치는 생각 (자동적 사고)	
감정 · 행동	
어떤 비합리적 신념과 관련되어 있나	

년 월 일

상 황	
스치는 생각 (자동적 사고)	
감정 · 행동	
어떤 비합리적 신념과 관련되어 있나	

나의 자동적 사고 및 신념 다이어리

년 월 일

상 황	
스치는 생각 (자동적 사고)	
감정 · 행동	
어떤 비합리적 신념과 관련되어 있나	

년 월 일

상 황	
스치는 생각 (자동적 사고)	
감정 · 행동	
어떤 비합리적 신념과 관련되어 있나	

년 월 일

상 황	
스치는 생각 (자동적 사고)	
감정 · 행동	
어떤 비합리적 신념과 관련되어 있나	

나의 자동적 사고 및 신념 다이어리

년 월 일

상 황	
스치는 생각 (자동적 사고)	
감정 · 행동	
어떤 비합리적 신념과 관련되어 있나	

년 월 일

상 황	
스치는 생각 (자동적 사고)	
감정 · 행동	
어떤 비합리적 신념과 관련되어 있나	

년 월 일

상 황	
스치는 생각 (자동적 사고)	
감정 · 행동	
어떤 비합리적 신념과 관련되어 있나	

나의 자동적 사고 및 신념 다이어리

년 월 일

상 황	
스치는 생각 (자동적 사고)	
감정 · 행동	
어떤 비합리적 신념과 관련되어 있나	

년 월 일

상 황	
스치는 생각 (자동적 사고)	
감정 · 행동	
어떤 비합리적 신념과 관련되어 있나	

년 월 일

상 황	
스치는 생각 (자동적 사고)	
감정 · 행동	
어떤 비합리적 신념과 관련되어 있나	

나의 자동적 사고와 신념을 요약하기

몇 주 동안 일기를 써 오면서 자신이 일상생활에서 자주 경험하는 생각의 내용이 무엇인지, 그리고 그것은 주로 어떤 신념과 관련되어 있는지 대략적으로 파악이 되셨지요? 이곳에 그 내용을 요약해 보세요.

자동적 사고

1) "반드시 OO해야 해."
2) "나는 왜 이것밖에 안 되지?"
3) "이번에 잘 안 되면 큰일인데."

신념

1) 완벽해야 한다.
2) 일이 생각대로 안 되면 큰일이 날 것이다.

나의 자동적 사고

나의 신념

6) 여섯 번째 걸음 : 인지적 왜곡

(1) 인지적 왜곡을 낳는 신념

여러분이 과제를 통해 확인한 어떤 신념들은 인지적 왜곡을 일으킵니다. 그렇기 때문에 그러한 신념들을 비합리적 신념이라고 말합니다. 이러한 인지적 왜곡은 우리의 감정과 행동에 영향을 주고 결과적으로 삶의 모습을 좌우하기도 합니다. 학업과 시험불안으로 불편과 괴로움을 겪는 것과 마찬가지로 말이지요. 우리가 흔히 하게 되는 인지적 왜곡의 유형에는 다음과 같은 것들이 있습니다.

■ 과잉 일반화

한두 번 일어난 안 좋은 일에 대해 앞으로도 계속 반복될 것이라고 믿거나, 작은 일을 전체로 확대 해석하는 것을 말합니다.

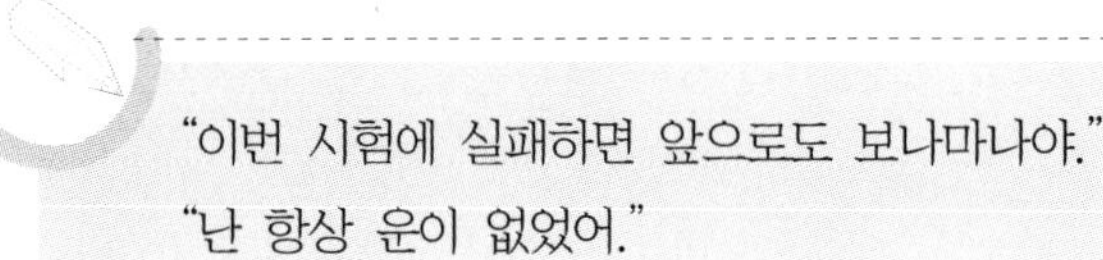

"이번 시험에 실패하면 앞으로도 보나마나야."
"난 항상 운이 없었어."

■ 마음대로 결론짓기

결론으로의 비약(jumping to conclusion)이라고도 하는데, 사실이나 상황에 맞지 않는 임의적이고 부정적인 결론으로 비약하는 것을 말합니다.

(다른 친구가 자신에 대해 칭찬을 했음에도 몇몇 친구가 그러지 않은 것에 대해 고민하며)
"난 별 볼일 없는 인간이야."
"이번에도 보나마나 잘 안 될 거야."

■ 당위적 사고

'반드시 이 일을 해야 한다.' '그것은 무슨 일이 있어도 해서는 안 된다.' 식의 사고로서 생각, 감정 및 행동 자체를 심하게 제약하는 결과를 가져옵니다. 압박감, 죄책감 및 분노감을 느끼게 할 수 있습니다.

"이번 시험에 반드시 성적을 올려야 해."
"반드시 수시에 합격해야 해."

■ 자기 탓으로 돌리기

부정적인 결과의 책임을 모두 자신의 탓으로 돌리는 것으로서 불필요한 죄책감을 증가시킬 수 있습니다.

"집안 분위기가 좋지 않은 것은 다 내가 공부를 못하는 탓이야."

■ 감정적 추리

'내가 그렇게 느끼니까 그것은 사실이다.' 또는 '그것이 사실이니까 나는 그렇게 느낄 수밖에 없다.' 식으로 생각하는 것을 말합니다.

"시험 때만 되면 불안해지는 것으로 봐서, 시험은 매우 두려운 것임에 틀림없다."
"나는 성적이 나쁘다. 그러니 나는 바보 같은 인간이다."

■ 재앙화 · 부정적으로 과장하기

최악의 상황을 가정하거나 극단적으로 잘못되는 방향으로 생각하는 것을 말합니다. 불안감을 더욱 증폭시킬 수 있습니다.

"중간고사를 망쳐 버렸으니, 이제 나는 끝장이다."
"이번 시험은 내가 미쳐 못 본 부분에서만 출제될 거야."

■ 이분법적 사고

전부이거나 전부가 아니거나, 옳거나 그르거나, 선하거나 악하거나 식으로 사고하는 것을

말합니다.

"이번 시험에서 평균 90점을 못 받으면 난 실패자다."

■ 극대화 / 극소화

잘한 일은 대수롭지 않게 여기거나 무시하고, 잘못된 일에만 집중하여 그 영향을 부풀리거나 확대 해석하는 것을 말합니다.

(중요한 시험에 합격하자) "누가 떨어졌겠어~."
(작은 실수에 대해서) "이렇게 간단한 것도 하나 못하니, 난 바보야."

■ 자기파괴적 결론 / 절망적 결론

재앙화의 한 형태로 자기 자신에 대해 파국적이고 절망적으로 생각하는 것을 말합니다.

"난 공부도 못하고, 친구도 잘 사귀지 못하고…. 살아갈 가치가 없다."
"이것밖에 안 되느니 공부고 뭐고 죽는 게 낫다."
"난 이런 식으로 늘 살아왔다. 이런 방법이 내게 무슨 도움이 된단 말인가? 그야말로 희망이란 없다."

■ 낙인찍기

자기 자신(타인)에 대해서 부정적으로 판단하거나 낙인찍고 자기패배적인 딱지를 붙이는 것을 말합니다.

"난 틀렸어."
"선생님들은 모두 성적으로만 애들을 평가하는 사람이야."

■ 자기성찰적 결론

감정적 추리와 유사한 것으로 경험에 빗대어 자신의 생각이나 느낌은 고정불변의 것이라고 생각하는 것을 말합니다.

"아무리 생각해 봐도 내 생각은 의심할 여지없이 사실이고, 진실이다. 아무리 바꾸려 해도 소용없는 짓이다."
"내 생각은 현실이다. 이것이 진실인데 뭘 다시 생각하란 말이야?"

■ 징크스 / 고정관념

사회적 통념이나 선입견, 우연히 일어난 개인적 경험에 기초하여 사건이나 상황 등을 예측하고 생각과 행동을 제한하는 것을 말합니다.

"시험 기간에 목욕을 하면 안 된다."
"저 자리에 앉으면 재수가 없다."

(2) 인지적 왜곡의 유형을 밝히기

다음에 제시된 자동적 사고가 어떤 인지적 왜곡에 해당하는지 밝혀 보세요.

1 걔는 공부를 잘하니까 성공할 것이고, 난 성적이 이 모양이니까 성공하지 못할 거야.

2 나는 시험만 보면 망쳐.

3 걔는 공부를 잘하니까 뭐든지 잘할 거야.

4 좋은 성적만이 지금의 문제를 해결할 수 있다.

5 애들이 쑤군대는 걸 보니 내 성적에 대해 이야기하나 보다.

6 시험 성적이 좋지 않으면 애들이 나를 무시할 거야.

7 삼류대학에 가면 나는 삼류인생이 될 것이다.

8 이번 모의고사 성적이 가장 중요할 텐데….

9 이번 시험에 성적이 떨어지면 희망은 없다.

10 불안해지는 걸 보니 시험을 망칠 게 분명해.

11 수학 성적이 오르지 않는 건 내 머리가 근본적으로 좋지 않다는 얘기야.

12 사람들은 성적과 대학 이름으로 나를 판단할 거야.

13 노력해서 실패하느니 안 하고 실패하는 게 낫다.

14 불안하면 절대 안 돼!

15 불안은 내가 소심하고 능력이 부족하다는 것을 나타내 주는 거야.

16 지난번 시험은 쉽게 나와서 잘 봤을 뿐이야.

17 아버지 기분이 좋지 않은 것은 내가 지난번 시험을 잘 못봤기 때문이다.

18 수요일에 보는 시험은 매번 망쳐.

19 나는 시험 운이 없나 봐.

20 선생님이 인사도 안 받으시다니…. 내 성적 때문일 거야.

(3) 인지적 왜곡과 비합리적 신념을 추론하기

이제, 어떤 신념들은 인지적 왜곡과 밀접한 관련이 있다는 것을 알았습니다. 잠깐 앞에서 기록했던 '나의 자동적 사고 및 신념 다이어리'로 돌아가 보세요. 자신이 자주 하는 생각과 신념은 주로 어떤 인지적 왜곡과 관련되어 있나요? 쉽게 파악이 되나요?

이제 한 걸음 더 나아가 자신의 생생한 경험에서 신념과 인지적 왜곡의 유형을 찾아보는 연습을 해 보겠습니다. 인지적 왜곡은 자동적 사고와 비합리적 신념 모두와 관련될 수 있습니다. 따라서 자동적 사고에 대해서만 초점을 맞추어도 괜찮습니다.

년 월 일

상 황	이제 3일 후면 시험이다.
스치는 생각 (자동적 사고)	시험을 못보면 부모님이 실망하실 텐데…. 이번에도 망치면 난 끝장이다.
감정 · 행동	불안, 초조, 안절부절못함.
어떤 비합리적 신념과 관련되어 있나	알고 있는 모든 사람들로부터 사랑받고 인정받아야 한다. 내가 원하는 대로 되지 않으면 뭔가 큰 일이 날 것이다.
인지적 왜곡 유형	재앙화, 임의적 추론

신념과 인지적 왜곡 추론 다이어리

년 월 일

상 황	
스치는 생각 (자동적 사고)	
감정 · 행동	
어떤 비합리적 신념과 관련되어 있나	
인지적 왜곡 유형	

년 월 일

상 황	
스치는 생각 (자동적 사고)	
감정 · 행동	
어떤 비합리적 신념과 관련되어 있나	
인지적 왜곡 유형	

신념과 인지적 왜곡 추론 다이어리

년 월 일

상 황	
스치는 생각 (자동적 사고)	
감정 · 행동	
어떤 비합리적 신념과 관련되어 있나	
인지적 왜곡 유형	

년 월 일

상 황	
스치는 생각 (자동적 사고)	
감정 · 행동	
어떤 비합리적 신념과 관련되어 있나	
인지적 왜곡 유형	

신념과 인지적 왜곡 추론 다이어리

년 월 일

상 황	
스치는 생각 (자동적 사고)	
감정 · 행동	
어떤 비합리적 신념과 관련되어 있나	
인지적 왜곡 유형	

년 월 일

상 황	
스치는 생각 (자동적 사고)	
감정 · 행동	
어떤 비합리적 신념과 관련되어 있나	
인지적 왜곡 유형	

신념과 인지적 왜곡 추론 다이어리

년 월 일

상 황	
스치는 생각 (자동적 사고)	
감정 · 행동	
어떤 비합리적 신념과 관련되어 있나	
인지적 왜곡 유형	

년 월 일

상 황	
스치는 생각 (자동적 사고)	
감정 · 행동	
어떤 비합리적 신념과 관련되어 있나	
인지적 왜곡 유형	

7) 일곱 번째 걸음 : 나의 생각에 도전하기 위한 질문

(1) 왜 사고를 분석할까?

만약 여러분에게 슬픔을 안겨 주고, 괴로움을 주며, 불안감이나 억울함 등을 느끼게 하는 대상이 있다면 어떻게 하겠습니까? 또 가족들이 그 대상으로 인해 불행하다면 어떻게 하겠습니까?

극단적으로는 그 대상이 영영 사라지면 좋겠다고 생각하거나, 싸워 이기거나, 철저히 복수하려 할 수 있을 것입니다. 다른 방식으로는 찾아가 설득하거나, 그러지 말라고 부탁하는 등 타협을 생각할 수도 있을 것입니다. 아니면 괴롭히는 목적과 원인과 이유를 묻고, 대화하며, 있을 수 있는 왜곡과 오해를 풀어 그 대상을 적이 아닌 친구로 바꿀 수도 있을 것입니다.

이도저도 아니라면 아무것도 하지 않은 채로 괴로움을 고스란히 안고 가면서 자신에 대해, 다른 이에 대해, 세상에 대해 불신을 품고 고통스러운 삶을 지속할 수도 있을 것입니다. 세상을 향해 냉소적인 시각으로 '세상은 원래 고통스러운 것이고, 이것이 운명이고, 이것이 진실이다.'라고 생각하면서 말입니다.

많은 경우 우리의 인생을 잡아 흔들고 감정과 행동을 지배하는 대상은 다름 아닌 우리 안에 있는 생각일 수 있습니다. 그것으로 인해 심한 불안을 느끼고, 우울감에 빠지기도 하며, 시험에 실패하기도 하고, 분노하기도 하며, 좌절감에 빠지기도 합니다.

여러분의 삶의 방향을 결정짓는 것은 다름 아닌 자신에게 달려 있습니다. 수동적으로 있기보다는 선택을 하기로 마음먹었다면 변화를 위해 적극적으로 그것에 다가가 대화를 시작하세요.

소크라테스는 질문을 사용하는 대화법을 통해 제자들에게 많은 깨우침을 주었습니다. 최선의 방법은 자신에게 질문을 던지는 것입니다. 질문은 삶을 변화시키는 데 핵심적인 요소가 됩니다.

(2) 내 생각에 도전하기 위한 질문

- 형사 콜롬보식 접근 : 사건과 상황을 구체화하고 그것이 뭘 뜻하는지?
  - 그 말이 무슨 뜻인가?
  - 그 말이 내게 무슨 의미가 있는가?

- 과학자적 접근 : 증거와 가능성을 찾아서…
  - 내 생각이 맞다고 어떻게 확신할 수 있지?
  - 그럴 만한 증거가 있나?
  - 있다면, 실제로 일어날 가능성이 얼마나 되지?
  - 그 생각이 왜 그런지 설명할 수 있나?
  - 나는 생각과 사실을 혼동하는 것은 아닌가?

- 상담자적 접근 : 다양한 조망을 찾아서…
  - 또 다른 이유는 없나?
  - 다른 합리적인 생각은?
  - 만약 같은 문제로 친구나 가족이 고민하고 있다면 나는 어떻게 이야기해 줄 것인가?

- 계속적인 질문과 발견법적 접근 : 목적과 결론을 찾아서…
  - 그러고 나면?
  - 그래서?
  - 그 다음은 어떻게 되는데?

- 반극단주의적 접근 : 균형을 찾아서…
  - 항상 그런가?
  - 반드시 그런가?
  - 예외가 없단 말인가?
  - 전적으로 나의 탓인가? 전적으로 그의 탓인가?
  - 너무 극단적이고 결론적인 입장을 취하는 것은 아닌가?

■ OK 접근 : 자신감, 독립 및 자율을 찾아서…
- 좋아. 내 생각이 맞다고 치자. 그것이 무슨 의미가 있나?
- 좋아. 내 생각이 옳다. 그런데 지금 그 생각이 내게 무슨 도움이 되나?
- 좋아. 내 생각이 진리라고 하자. 그 생각을 계속 하는 것이 내 인생에 무슨 도움이 되나?

(3) 내 생각에 도전하기

이제 자신의 생각에 도전할 수 있는 단계까지 왔습니다. 앞으로 몇 주 동안 자신의 자동적 사고(또는 신념)에 대해서 도전하는 시간을 갖도록 하겠습니다.

도전하기 위한 접근을 다시 한 번 요약해 보면 다음과 같습니다.

- **형사 콜롬보식 접근** : 사건과 상황을 구체화하고 그것이 뭘 뜻하는지…
- **과학자적 접근** : 증거와 가능성을 찾아서…
- **상담자적 접근** : 다양한 조망을 찾아서…
- **계속적인 질문과 발견법적 접근** : 목적과 결론을 찾아서…
- **반극단주의적 접근** : 균형을 찾아서…
- **OK 접근** : 자신감, 독립 및 자율을 찾아서…

년 월 일

상 황	이제 3일 후면 시험이다.
스치는 생각 (자동적 사고)	시험을 못보면 부모님이 실망하실 텐데…. 이번에도 망치면 난 끝장이다.
어떤 비합리적 신념과 관련되어 있나	알고 있는 모든 사람들로부터 사랑받고 인정받아야 한다. 내가 원하는 대로 되지 않으면 뭔가 큰 일이 날 것이다.
도전을 위한 질문	(과학, OK 접근) 내 생각이 맞다고 어떻게 확신할 수 있지? 맞다고 치자. 이 생각이 내게 무슨 도움이 되지?

※ 비합리적 신념을 추론하기 어려운 경우, 자동적 사고만 기록하고 분석해도 괜찮습니다.

I am a Challenger

년 월 일

상 황	
스치는 생각 (자동적 사고)	
어떤 비합리적 신념과 관련되어 있나	
도전을 위한 질문	

년 월 일

상 황	
스치는 생각 (자동적 사고)	
어떤 비합리적 신념과 관련되어 있나	
도전을 위한 질문	

I am a Challenger

년 월 일

상 황	
스치는 생각 (자동적 사고)	
어떤 비합리적 신념과 관련되어 있나	
도전을 위한 질문	

년 월 일

상 황	
스치는 생각 (자동적 사고)	
어떤 비합리적 신념과 관련되어 있나	
도전을 위한 질문	

I am a Challenger

년 월 일

상 황	
스치는 생각 (자동적 사고)	
어떤 비합리적 신념과 관련되어 있나	
도전을 위한 질문	

년 월 일

상 황	
스치는 생각 (자동적 사고)	
어떤 비합리적 신념과 관련되어 있나	
도전을 위한 질문	

I am a Challenger

년 월 일

상 황	
스치는 생각 (자동적 사고)	
어떤 비합리적 신념과 관련되어 있나	
도전을 위한 질문	

년 월 일

상 황	
스치는 생각 (자동적 사고)	
어떤 비합리적 신념과 관련되어 있나	
도전을 위한 질문	

I am a Challenger

년 월 일

상 황	
스치는 생각 (자동적 사고)	
어떤 비합리적 신념과 관련되어 있나	
도전을 위한 질문	

년 월 일

상 황	
스치는 생각 (자동적 사고)	
어떤 비합리적 신념과 관련되어 있나	
도전을 위한 질문	

8) 여덟 번째 걸음 : 생각에 도전하고 합리적인 생각으로 바꾸는 법

(1) 생각에 도전하고 보다 합리적인 생각으로 바꾸는 법

이제 여러분은 자동적 생각에 대해서 탐색하는 것이 가능해졌으며, 그것이 어떤 특정 신념과 관련되어 있다는 것을 알았습니다. 그리고 다양한 방식의 질문을 활용하여 도전할 수 있게 되었습니다. 이제는 합리적인 사고에 이르는 법을 찾는 최종 단계로 가는 것만이 남아 있습니다. 어쩌면 이미 그 답을 찾았을 수도 있습니다.

합리적 생각과 비합리적 생각이란 무엇이며, 어떤 차이가 있을까요? 합리적 생각은 각 개인의 안녕감(흔히 웰빙이라고 하지요), 행복, 자기 실현에 관련되는 반면, 비합리적 생각은 감정적 문제, 불행감, 부적응적 행동에 관련됩니다. 합리적 생각과 비합리적 생각의 차이를 표로 나타내면 다음과 같습니다.

합리적 생각과 비합리적 생각의 차이

판단의 준거	합리적 생각	비합리적 생각
논리성	논리적으로 모순이 없다.	논리적으로 모순이 많다.
현실성	경험적 현실과 일치한다.	경험적 현실과 일치하지 않는다.
실용성	삶의 목표 달성에 도움이 된다.	삶의 목표 달성에 방해가 된다.
융통성	유연하고 경직되어 있지 않다.	절대적/극단적/완고/경직성
파급 효과	안녕감과 즐거운 감정을 느끼게 하며, 적응적 행동에 영향을 준다.	부적 정서(우울, 불안, 화, 억울함 등)와 부적응적인 행동을 야기한다.

(2) 잠시 뒤돌아보기

지금까지 매우 훌륭하게 각 단계를 밟아 왔습니다. 이제 거의 최종 단계에 이르렀다고 볼 수 있지요. 여러분은 자신의 생각에 대해 도전하는 연습을 하였습니다. 이제 그것을 합리적인 생각으로 바꾸는 일이 남아 있습니다. 이제 2주 동안 그 연습을 하려고 합니다.

지난주까지 과제를 수행하면서 어렴풋이 '내가 왜 이렇게 생각을 하지?', '달리 생각할 수도 있는 문제인데….', '언제부터 이렇게 생각하게 되었을까?'라는 질문을 마음속으로 했을 수도 있습니다. 바로 그것이 성장으로 향해 나가고 있음을 뜻하는 것입니다.

오랜 기간 자신의 신념에 영향을 주었던 그 경험을 있는 그대로 바라보세요. 그리고 떠오르는 경험이나 생각이나 기분을 자유로이 표현해 보세요. 그리고 다음 페이지에 어떤 형식이든 좋으니 그것을 표현해 보세요.

그러고 난 후, 비로소 마음속에 새로운 생각들을 위한 자리가 마련되어 있음을 깨닫게 될 것입니다.

나의 회고록

이제와 생각해 보니…

(3) 합리적 사고를 향해

이제 합리적 사고를 향해 가는 집중적인 훈련을 해 보겠습니다. 앞으로 몇 주 동안 자신의 생각에 도전하면서 새롭고 합리적으로 사고하는 시간을 가지세요. 즉, 다양한 질문에 대한 답을 찾는 것을 통해 대안적 사고를 탐색하는 것이지요. 그리고 합리적 사고로 전환하기 위한 자신의 노력이 감정과 일상생활에 어떤 영향을 주는지도 살펴보세요.

년 월 일

상 황	이제 3일 후면 시험이다.
자동적 사고/신념	• 시험을 못보면 부모님이 실망하실 텐데…. • 이번에도 망치면 난 끝장이다.
도전하기 위한 질문	• 내 생각이 맞다고 어떻게 확신할 수 있지? • 맞다고 치자. 이 생각이 내게 무슨 도움이 되지?
합리적 생각	• 예전에도 비슷한 경험을 했지만, 끝장나지는 않았다. • 인간의 가치는 학업 성적으로만 결정되는 것은 아니다. • 부모님이 실망도 하시고, 만약 실패하면 끝장도 난다고 치자. 그게 지금 내가 시험 준비하는 데 무슨 도움이 되랴…. 오히려 불안과 긴장감만 높아질 뿐이다.

합리적 사고를 향해

년 월 일

상 황	
자동적 사고/ 신념	
도전하기 위한 질문	
합리적 생각	

년 월 일

상 황	
자동적 사고/ 신념	
도전하기 위한 질문	
합리적 생각	

합리적 사고를 향해

년 월 일

상 황	
자동적 사고/ 신념	
도전하기 위한 질문	
합리적 생각	

년 월 일

상 황	
자동적 사고/ 신념	
도전하기 위한 질문	
합리적 생각	

합리적 사고를 향해

년 월 일

상 황	
자동적 사고/ 신념	
도전하기 위한 질문	
합리적 생각	

년 월 일

상 황	
자동적 사고/ 신념	
도전하기 위한 질문	
합리적 생각	

합리적 사고를 향해

년 월 일

상 황	
자동적 사고/신념	
도전하기 위한 질문	
합리적 생각	

년 월 일

상 황	
자동적 사고/신념	
도전하기 위한 질문	
합리적 생각	

합리적 사고를 향해

년 월 일

상 황	
자동적 사고/신념	
도전하기 위한 질문	
합리적 생각	

년 월 일

상 황	
자동적 사고/신념	
도전하기 위한 질문	
합리적 생각	

합리적 사고를 향해

년 월 일

상 황	
자동적 사고/ 신념	
도전하기 위한 질문	
합리적 생각	

년 월 일

상 황	
자동적 사고/ 신념	
도전하기 위한 질문	
합리적 생각	

9) 아홉 번째 걸음 : 시험불안의 정도에 대한 재평가

다음 중 자신에게 해당되는 내용에 ✔표시해 보세요.

내 용	거의 그렇지 않다	가끔 그렇다	자주 그렇다	항상 그렇다
학교에서 발표를 해야 할 경우 혹시 틀려서 창피를 당할까봐 걱정이 된다.	0	1	2	3
시험을 잘 못보고 오면 부모님께 야단을 맞을까봐 걱정이 된다.	0	1	2	3
선생님께서 시험에 대해 이야기하시면 가슴이 뛰기 시작한다.	0	1	2	3
반 아이들 앞에서 무엇을 하거나 시험을 볼 때면 가슴이 두근거린다.	0	1	2	3
수업 시간에 선생님께서 설명하시는 것을 다른 아이들은 더 잘 이해할 것 같은 생각이 든다.	0	1	2	3
내 성적으로는 내가 하고 싶은 것을 나중에 못 할까봐 걱정이다.	0	1	2	3
학교에서 치르는 시험이면 다 두렵다.	0	1	2	3
선생님께서 시킨 것을 잘 할 수 없을 때에는 그냥 울어 버리고 싶다.	0	1	2	3
시험을 잘 못보면 식구들 보기가 창피하다.	0	1	2	3
선생님께서 앞에 나와 문제를 풀 사람을 지명할 때 내가 지명될까봐 불안하다.	0	1	2	3
시험이 시작되기 직전에 더 떨린다.	0	1	2	3
성적이 좋지 않아 늘 기가 죽어 있다.	0	1	2	3
평소 알고 있던 것도 시험 볼 때면 생각이 잘 안 난다.	0	1	2	3
시험이 없어졌으면 좋겠다.	0	1	2	3
앞에 나가 문제를 풀 때 손이 떨린다.	0	1	2	3
앞에 나가 발표를 할 때 떨려서 준비했던 것도 제대로 발표하지 못하고 들어온다.	0	1	2	3

부모님은 내 시험 성적을 다른 애들과 비교한다.	0	1	2	3
애들 앞에서 말하거나 발표할 때 얼굴이 붉어지고 말이 막히거나 더듬게 된다.	0	1	2	3
저녁이면 내일 하루를 학교에서 또 어떻게 보낼까 걱정한다.	0	1	2	3
시험 볼 때 진땀이 나면서 손이 축축해진다.	0	1	2	3
시험을 다 치른 후에도 점수 때문에 걱정이 된다.	0	1	2	3
시험 점수가 나빠서 반 아이들이 따돌릴까봐 걱정이 된다.	0	1	2	3
시험 전날 내일 갑자기 무슨 일이 생겨서 시험을 보지 않아도 되었으면 하는 생각이 든다.	0	1	2	3
시험을 보는 동안에도 이 시험을 잘 못보면 어쩌나 하는 걱정이 된다.	0	1	2	3
아무리 평소에 공부를 많이 했어도 시험 때는 마냥 걱정이 된다.	0	1	2	3

시험불안의 정도를 다시 평가해 보세요.

나의 시험불안 점수는 ________________점

3. 시험불안 극복을 위한 그 밖의 전략들

1) 긍정적인 자기 언어를 활성화하기

신념은 대부분 스스로 반복한 내적인 자기 언어(self-talk)에 의해서 형성되는 경우가 많습니다. 그러므로 보다 긍정적인 자기 언어를 활성화시키면 신념의 변화를 가져올 수 있으며, 우리의 감정적 경험도 새로워질 수 있습니다.

앞에서 살펴본 자동적 사고는 내적인 자기 언어의 일종입니다. 긍정적인 자기 언어는 기존의 부정적인 자기 언어를 대치할 수 있습니다.

누구든 실수를 할 수 있다. 실수는 성공의 어머니다.	좋은 성적이 반드시 성공을 의미하는 것은 아니다.
시험 성적이 떨어져 기분이 좋지 않지만 이번이 마지막은 아니다.	인생은 성적이 좌우하는 것이 아니라 내 성실성이 좌우하는 것이다.
시험이란 나를 평가하는 것이 아니고, 내가 얼마나 노력했는지 평가하는 것이다.	시험 성적은 노력에 의한 내 지식을 평가할 뿐 나의 인간적인 가치를 평가하는 것이 아니다.
공부는 내 인생의 목표를 이루기 위한 과정일 뿐이다.	나는 노력하는 사람이기에 앞으로 더 나아질 것이다.

New Self-talk Card

2) 걱정하는 시간을 계획하기

여러분이 알고 있듯이, 시간 계획을 잘 하고 실천하게 되면 보다 규칙적이고 능률적인 시간 관리가 가능해집니다. 우리의 생각도 이와 마찬가지입니다. 계획하에 하게 되면, 그 생각에 압도되거나 수동적으로 끌려가기보다는 그것을 리드하며 통제할 수 있게 됩니다.

걱정하는 시간은 처음에는 시간당 10분 정도로 제한하고 점차로 줄여 가는 것이 좋습니다. 즉, 처음에는 한 시간당 10분으로, 그 다음에는 두 시간당 10분으로, 3시간당 10분으로 말이지요. 또 다른 방법으로는 하루 중 특정 시간, 일주일에 어떤 요일과 같이 계획을 세우는 것도 괜찮습니다. 계획을 세워 실천한다는 사실이 무엇보다 중요한 것이니까요.

이제부터 몇 주 동안 시험과 관련된 걱정과 염려는 정해 놓은 시간에만 하기로 하겠습니다.

첫 번째 도전

나는 오늘부터 2주 동안 걱정 시간을 시간당 10분으로 계획하고 지키기로 하겠습니다.

년 월 일

실천 정도와 불안 감소 효과를 10~100점까지 점수로 기록해 보세요.

		월	화	수	목	금	토	일
1주	실천 정도							
	불안 감소 효과							
2주	실천 정도							
	불안 감소 효과							

실천 소감 및 평가

두 번째 도전

나는 오늘부터 2주 동안 걱정 시간을 2시간당 10분으로 계획하고 지키기로 하겠습니다.

년 월 일

실천 정도와 불안 감소 효과를 10~100점까지 점수로 기록해 보세요.

		월	화	수	목	금	토	일
1주	실천 정도							
	불안 감소 효과							
2주	실천 정도							
	불안 감소 효과							

실천 소감 및 평가

세 번째 도전

나는 오늘부터 2주 동안 걱정 시간을 3시간당 10분으로 계획하고 지키기로 하겠습니다.

년 월 일

실천 정도와 불안 감소 효과를 10~100점까지 점수로 기록해 보세요.

		월	화	수	목	금	토	일
1주	실천 정도							
	불안 감소 효과							
2주	실천 정도							
	불안 감소 효과							

실천 소감 및 평가

네 번째 도전

나는 오늘부터 2주 동안 걱정 시간을 4시간당 10분으로 계획하고 지키기로 하겠습니다.

년 월 일

실천 정도와 불안 감소 효과를 10~100점까지 점수로 기록해 보세요.

		월	화	수	목	금	토	일
1주	실천 정도							
	불안 감소 효과							
2주	실천 정도							
	불안 감소 효과							

실천 소감 및 평가

※ 약속 시간은 개인에 따라 다양하게 정할 수 있습니다.

3) 심상 체인지

우리가 경험하는 어떤 것들은 시각적 영상처럼 머릿속에 떠오르며 긴장과 불안감을 증폭시키기도 합니다. 시험불안을 겪고 있는 여러분들이 시험과 관련하여 주로 떠올리는 장면은 무엇입니까?

예전에 실수했던 모습, 당황해하는 모습, 시간에 쫓기는 모습, 답을 밀려 쓴 모습, 친구들은 잘 봤는데 나만 성적이 떨어진 모습, 전교 석차에서 이름이 빠진 것을 확인하게 되는 모습, 부모님의 실망하시는 모습, 친구들의 무시하는 듯한 눈길….

어떤 것들이 떠오르나요?

머릿속에 자주 떠올리는 장면인 심상은 언어적인 자기말과 마찬가지의 효과가 있습니다. 즉, 시험과 관련된 부정적인 장면을 긍정적인 장면으로 바꾸게 되면 불필요한 걱정과 불안은 줄어들게 되며, 보다 안정된 자세로 시험을 준비하고 치를 수 있게 됩니다.

1. 시험지를 받아 보니, 머릿속에 정리된 생각들이 하나하나 잘 떠오르는 것이 입가에 미소가 나온다.

2. 시간 배분을 잘 해서인지 검토를 위한 시간이 15분이나 남았다. 여유롭게 답안을 검토해 볼 수 있겠다.

3. 쓱쓱 옆에서 답안 쓰는 소리가 들리지만, 마치 평소에 듣던 노래 같다. 나도 꽤나 많은 내용을 잘 써 놓았고, 또 쓸 것이 많으니까…

4. 시험이 끝나고 답안을 맞추는데, '야호'하고 소리 지르고 싶을 정도다. 역시 노력하면 되는구나 싶다.

이제 자신이 원하는 그림은 어떤 모습인지 상상해서 기록해 보세요. 그리고 몇 주 동안 지내면서 시험과 관련된 부정적 심상이 머릿속에 떠오를 때마다 새로운 심상으로 대치하는 연습을 해 보세요.

시험에 관해 나는 이런 모습이고 싶다.

1.

2.

3.

4.

5.

6.

7.

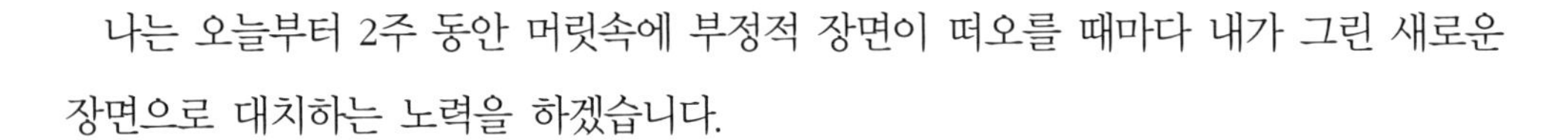

심상 체인지 첫 시도

나는 오늘부터 2주 동안 머릿속에 부정적 장면이 떠오를 때마다 내가 그린 새로운 장면으로 대치하는 노력을 하겠습니다.

년 월 일

실천 정도와 불안 감소 효과를 10~100점까지 점수로 기록해 보세요.

		월	화	수	목	금	토	일
1주	실천 정도							
	불안 감소 효과							
2주	실천 정도							
	불안 감소 효과							

실천 소감 및 평가

심상 체인지 지속적인 실천

나는 앞으로 지속적으로 머릿속에 부정적 장면이 떠오를 때마다 내가 그린 새로운 장면으로 대치하는 노력을 하겠습니다.

년 월 일

실천 정도와 불안 감소 효과를 10~100점까지 점수로 기록해 보세요.

		월	화	수	목	금	토	일
1주	실천 정도							
	불안 감소 효과							
2주	실천 정도							
	불안 감소 효과							

실천 소감 및 평가

4) 심상을 통한 대처법

심상을 통한 대처법이란 불안감을 주는 장면을 떠올리고, 만약 실제로 그런 일이 벌어졌다면 어떻게 대처해 나가는 것이 좋을지를 미리 상상하면서 연습하는 것을 말합니다. 우리의 뇌는 상상만으로도 실전 준비를 가능케 하는 힘이 있으므로 체계적인 연습은 위기 상황에서 상당한 효과를 발휘할 수 있습니다.

심상을 통한 대처법 : 첫 번째 단계

첫 번째 단계는 다음과 같습니다. 앞에서 살펴보았듯이, 시험불안을 겪고 있는 여러분들이 시험과 관련하여 자주 머릿속에 떠올리는 장면들이 있지요? 다음 페이지에 불안감이 가장 높은 순서대로 기록해 보세요. 그리고 불안감의 정도를 10~100점까지 점수를 매겨 보세요.

1. 시험지를 받았는데, 전부 내가 모르는 문제다(100점).
2. 반밖에 풀지 못했는데, 시간이 20분밖에 남지 않았다(90점).
3. 분명히 공부했는데, 도무지 생각이 나지 않는다(80점).

불안 위계 목록

	내 용	불안 점수
1		
2		
3		
4		
5		
6		
7		
8		
9		
10		

심상을 통한 대처법 : 두 번째 단계

두 번째 단계는 자신이 기록한 내용 중 불안 정도가 낮은 것부터 높은 순서대로 하나하나 머릿속으로 떠올리면서 '만약에 실제로 그런 일이 벌어졌다면 어떻게 하는 것이 좋을까?'라고 질문하는 것입니다.

그리고 효과적으로 대처할 수 있는 여러 가지 대안을 머릿속으로 생각해 보세요. 앞에서 살펴본 자동적 사고에 도전하는 여러 가지 질문들을 사용하는 것이 하나의 방법입니다. '심상체인지'를 활용하여 슬기롭게 그 상황을 극복해 나가는 모습을 그려도 좋습니다. 또한 이 워크북의 '사고력 향상 전략'에 나와 있는 배운 다양한 '대안적 사고 기법'을 활용하는 것도 좋습니다.

예를 들어 볼까요?

- 불안 5순위 : 시험 시간에 급우들이 주변에서 열심히 적어대는 소리(불안 점수 50점)

  –나도 적고 있지 않은가? 시험 시간에 그럼 뭘 하리?

  –많이 적는다고 반드시 좋은 점수가 보장되는 것은 아니다. 핵심 내용을 잘 정리해서 적는 게 보다 중요하다!

  –자~ 집중하자! 소리에 신경쓰다보면 오히려 더 방해만 될 뿐이야.

  –너무 신경이 쓰이면 준비한 탈지면으로 귀를 막는 것도 한 방법이다. 꺼내서 막자!

심상을 통한 대처법 실습

불안 위계 목록 (불안 점수가 낮은 순서대로 시작하세요.)		심상을 통한 대처법을 찾고 연습하기
1		
2		
3		
4		
5		

심상을 통한 대처법 실습

불안 위계 목록 (불안 점수가 낮은 순서대로 시작하세요.)		심상을 통한 대처법을 찾고 연습하기
1		
2		
3		
4		
5		

5) 생각 중지법(Hey STOP!)

부정적인 사고를 그대로 내버려두면 눈덩이처럼 커지고 그 무게가 더해져서 자신을 압도하는 경향이 있습니다. 과도한 시험불안이 바로 그런 예입니다.

부정적인 생각이나 장면이 머릿속에 떠오르기 시작할 때, 즉각적으로 생각 중지법을 사용합니다. 사고가 이미 진행이 된 후보다는 시작 시점에서 사용하는 것이 더 좋습니다. 생각 중지법은 삶에 부정적 영향을 미치는 사고의 흐름을 의식적인 노력을 통해 차단하는 것입니다. 특별히, 당장 어떻게 하기 곤란한 환경적 스트레스나 대안 모색이 어려운 생활사건, 막연한 걱정, 습관적인 자기 비판, 사소한 실수에 대한 과도한 집착과 같은 문제에 효과적입니다.

앞으로, 교육이 이루어지는 동안 때때로 선생님께서 여러분에게 생각을 중지하도록 책상을 치거나 'STOP(그만)'이라고 말하는 등의 큐를 줄 것입니다. 아울러 일상생활에서 이를 실천해 볼 것입니다.

사전 질문지

1 시험과 관련된 자신의 부정적 사고의 내용은 어떤 것이 있습니까?
(그것이 언어적인 자기말이든, 머릿속을 스쳐 지나가는 장면이든 상관없습니다. 기록해 보세요.)

2 하루에 평균 몇 번이나 그런 생각을 하십니까?(시간 단위로 적어도 좋습니다.)

3 그런 생각을 할 때 기분은 어떻습니까? 일상에 어떤 영향을 미칩니까?

4 그 생각이 삶에 도움이 되는 것이 있습니까? 있다면 그것은 무엇이며, 왜 그렇습니까?

생각 중지 실천 일지

앞에서 기록한 생각을 포함하여, 기분과 생활에 부정적 영향을 미칠 수 있는 생각이 떠오르기 시작할 때면 언제든 'STOP(그만)'을 소리 내어 말하는 연습을 하세요. 수업 시간 중이거나 소리를 낼 수 없는 상황이라면 속으로 되뇌어도 괜찮습니다. 하루에 몇 번이나 'STOP(그만)'을 사용했는지, 생각을 중지시키는 효과, 기분 변화의 정도는 어느 정도인지를 매일 평가해 보세요.

날 짜										
STOP 사용횟수										
생각 중지 효과	10% 미만				50%					100%
	1	2	3	4	5	6	7	8	9	10
기분 변화 효과	1	2	3	4	5	6	7	8	9	10

날 짜										
STOP 사용횟수										
생각 중지 효과	10% 미만				50%					100%
	1	2	3	4	5	6	7	8	9	10
기분 변화 효과	1	2	3	4	5	6	7	8	9	10

날 짜										
STOP 사용횟수										
생각 중지 효과	10% 미만				50%					100%
	1	2	3	4	5	6	7	8	9	10
기분 변화 효과	1	2	3	4	5	6	7	8	9	10

날 짜										
STOP 사용횟수										
생각 중지 효과	10% 미만				50%					100%
	1	2	3	4	5	6	7	8	9	10
기분 변화 효과	1	2	3	4	5	6	7	8	9	10

생각 중지 실천 일지

앞서 여러분이 기록한 생각을 포함하여, 기분과 생활에 부정적 영향을 미칠 수 있는 생각이 떠오르기 시작할 때면 언제든 'STOP(그만)'을 소리 내어 말하는 연습을 하세요. 수업 시간 중이거나 소리를 낼 수 없는 상황이라면 속으로 되뇌어도 괜찮습니다. 하루에 몇 번이나 'STOP(그만)'을 사용했는지, 생각을 중지시키는 효과, 기분 변화의 정도는 어느 정도인지를 매일 평가해 보세요.

날 짜										
STOP 사용횟수										
생각 중지 효과	10% 미만				50%					100%
	1	2	3	4	5	6	7	8	9	10
기분 변화 효과	1	2	3	4	5	6	7	8	9	10

날 짜										
STOP 사용횟수										
생각 중지 효과	10% 미만				50%					100%
	1	2	3	4	5	6	7	8	9	10
기분 변화 효과	1	2	3	4	5	6	7	8	9	10

날 짜										
STOP 사용횟수										
생각 중지 효과	10% 미만				50%					100%
	1	2	3	4	5	6	7	8	9	10
기분 변화 효과	1	2	3	4	5	6	7	8	9	10

날 짜										
STOP 사용횟수										
생각 중지 효과	10% 미만				50%					100%
	1	2	3	4	5	6	7	8	9	10
기분 변화 효과	1	2	3	4	5	6	7	8	9	10

6) 나의 PMI 분석

PMI(Plus－Minus－Interesting)은 본래 창의력 향상 기법입니다(이 워크북의 '사고력 향상 전략'을 참조). 이것은 어떤 문제 상황의 긍정적인 측면(+)과 부정적인 측면(－)을 모두 고려하여 최적의 아이디어를 개발하거나 선택하는 것을 의미합니다. 시험불안과 관련된 여러분의 사고와 행동을 분석하는 데에도 활용될 수 있습니다.

시험불안과 관련된 대표적인 문제 행동은 다음과 같은 것들이 있습니다. 자신에게 해당되면 표시해 보세요. 그리고 자신이 생각하는 문제 행동도 있다면 적어 보세요.

_____1. **지연 행동** : 꾸물거리면서 미룰 수 있는 데까지 계속 미루는 행동

_____2. **변명거리 만들기 행동**(self－handicapping behaviors) : 성적이 기대 이하로 나올까 하는 불안감 등으로 인해 공부를 일부러 안 한다든지, 컴퓨터 게임 등에 몰두한다든지 하면서 결과적으로 만족스럽지 못한 결과의 원인을 그 이유로 돌려 자존심을 유지하려는 행동

_____3. **회피 행동** : 시험, 공부와 관련된 상황을 피함

_____4. **자포자기** : 노력도 하지 않고 미리 포기해 버림

_____5. **반항적 행동** : 시험 스트레스와 불안 등을 반항적 행동으로 표현함

6.

7.

8.

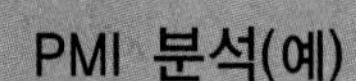

문제 행동	시험 기간만 되면 오히려 컴퓨터에 더 몰두하게 된다.		
대안 행동에 대한 분석			
컴퓨터를 계속하기		힘들지만 그 시간에 공부를 하기	
+	−	+	−
잠깐이지만 걱정을 잊을 수 있다.	최대한 실력 발휘를 할 수 없다.	하나라도 더 공부할 수 있다.	힘들다, 지겹다.
순간이지만 재미있다.	뭔가 제대로 한 것 같지 않아 마음이 불편하다.	노력을 통해 자신감이 향상될 수 있다.	잠도 못 자고 놀지도 못한다.
성적이 잘 안 나올 때 핑계를 댈 수 있다.	부모님께 꾸중을 듣는다.	책임감과 인내심을 배울 수 있다.	열심히 했는데 성적이 안 나오면 자존심이 더 상한다.
	게임하고 난 뒤에는 더 허탈하다.	부모님과의 사이가 편안해진다.	
	점점 더 스트레스가 가중되는 것 같다.	결국, 더 나은 결과가 주어질 것이다.	
새로운 결론과 나의 선택			
결론적으로 생각해 보니, 시험 기간에 컴퓨터 게임에 몰두하는 것은 확실히 내게 손해인 것 같다. 얻는 것은 순간의 만족이요, 잃는 것은 다름 아닌 내 인생이다. 이렇게 해 보니, 내가 자존심의 상처를 받거나 실패하는 것을 매우 두려워한다는 것을 알게 되었다. 어떤 것이 더 나은 선택인가는 분명해졌다. 앞으로 시험 기간에는 인터넷 메일 확인과 공부에 필요한 정보 확인을 제외하고는 컴퓨터를 하지 않겠다.			

실천 평가
(1~10점까지 평가하세요.)

	월	화	수	목	금	토	일
시험 3주전	6	6	7	7	8	6	6
시험 2주전	7	8	8	9	8	8	8
시험 1주전	8	10	9	9	9	10	9

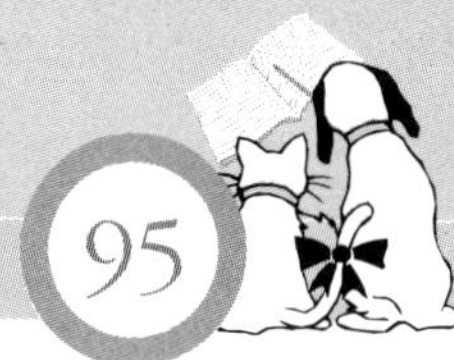

나의 PMI 분석

문제 행동			
대안 행동에 대한 분석			

새로운 결론과 나의 선택

실천 평가 (1~10점까지 평가하세요.)							
	월	화	수	목	금	토	일

나의 PMI 분석

문제 행동			
대안 행동에 대한 분석			
새로운 결론과 나의 선택			

실천 평가 (1~10점까지 평가하세요.)							
	월	화	수	목	금	토	일

나의 PMI 분석

문제 행동			
대안 행동에 대한 분석			
새로운 결론과 나의 선택			

실천 평가 (1~10점까지 평가하세요.)							
	월	화	수	목	금	토	일

나의 PMI 분석

<table>
<tr><td>문제 행동</td><td colspan="3"></td></tr>
<tr><td colspan="4">대안 행동에 대한 분석</td></tr>
<tr><td colspan="2"></td><td colspan="2"></td></tr>
<tr><td></td><td></td><td></td><td></td></tr>
<tr><td></td><td></td><td></td><td></td></tr>
<tr><td></td><td></td><td></td><td></td></tr>
<tr><td></td><td></td><td></td><td></td></tr>
<tr><td></td><td></td><td></td><td></td></tr>
<tr><td></td><td></td><td></td><td></td></tr>
<tr><td colspan="4">새로운 결론과 나의 선택</td></tr>
<tr><td colspan="4"></td></tr>
</table>

<table>
<tr><td colspan="8">실천 평가
(1~10점까지 평가하세요.)</td></tr>
<tr><td></td><td>월</td><td>화</td><td>수</td><td>목</td><td>금</td><td>토</td><td>일</td></tr>
<tr><td></td><td></td><td></td><td></td><td></td><td></td><td></td><td></td></tr>
<tr><td></td><td></td><td></td><td></td><td></td><td></td><td></td><td></td></tr>
<tr><td></td><td></td><td></td><td></td><td></td><td></td><td></td><td></td></tr>
</table>

7) 긴장 이완을 위한 방법

(1) 호흡법

신체감각, 생각, 행동은 밀접하게 관련되어 있으며, 서로 상호작용합니다. 신체 반응 중의 하나인 호흡은 우리의 긴장 상태를 직접적으로 반영해 줍니다. 불안과 관련된 신체적 반응 중의 하나인 호흡은 불안과 긴장을 감소시키는 데 큰 효과가 있습니다. 또한 주의집중력을 향상시키는 데도 도움이 됩니다.

따라서 호흡을 잘 조절하게 되면 과도한 긴장, 불안과 관련된 여러 가지 신체적 감각들도 함께 변화시킬 수 있으며, 주의집중력의 향상을 가져와 학습능력을 높일 수도 있습니다.

호흡 훈련 1단계

① 몸을 가볍게 풀고 편안한 자세로 앉으세요.

② 눈을 가볍게 감고 한 손은 배꼽 위에, 다른 한 손은 가슴 위에 놓으세요.

③ 부드럽게 호흡하면서 어떤 손이 움직이는가를 살펴보세요.

④ 되도록 가슴 위의 손은 움직이지 않고 배 위의 손이 움직이도록 호흡해 보세요.

- 각 단계는 1~2분 동안 지속합니다.
- 수차례 반복하여 자신의 호흡 패턴을 느낄 수 있도록 합니다.

⑤ 이제는 가슴 위의 손은 내리고 배 위에만 손을 얹고 호흡해 보세요.

⑥ 배가 어떻게 부풀어 오르고 가라앉는지를 잘 느끼면서 호흡해 보세요.

- 지금은 배의 움직임에 주의집중하여 호흡해 보세요.
- 익숙해지면 배 위의 손을 내리세요.
- 초반에는 숫자를 세는 것도 도움이 됩니다 : 들이쉴 때 하나, 내쉴 때 둘, 셋－넷, 다섯－여섯, 일곱－여덟, 아홉－열, 다시 하나－둘, 그리고 점차 호흡의 깊이를 더해 갑니다.
- 이 과정을 약 10~20분간 지속한 후, 호흡 훈련 2단계로 넘어가세요.

호흡 훈련 2단계

호흡 훈련 1단계를 마친 후에는 다음과 같은 절차를 따르세요.

① 되도록 온몸의 긴장을 풀고 호흡해 보세요.

② 들숨과 날숨을 고르게 해 보세요.

③ 배를 이용한 호흡이 어느 정도 익숙해지면 숨을 내쉴 때 속으로 '편안한 느낌이다.'라고 되뇌이면서 온몸의 근육이 이완되는 느낌을 갖도록 해 보세요. 실제로, 몸(특히, 어깨와 목)의 힘을 빼면서 숨을 쉬어 보세요.

- 위의 과정을 익숙한 느낌이 들 때까지 약 3~4분간 지속하세요.
- 이제 호흡하는 동안 여러분이 느낌이 어땠는지 이야기해 보세요.

- 2주일 동안 호흡 훈련을 실천해 보세요. 걱정과 불안이 느껴지는 상황에서도 좋지만 연습 그 자체를 위해서라도 좋습니다. 그리고 걱정 감소와 긴장 이완의 효과를 평가해 보세요.

호흡 훈련 기록지

날 짜	횟 수	걱정 감소 효과 (10~100%까지)	긴장 이완 효과 (10~100%까지)
	1		
	2		
	3		
	4		
	5		
	6		
	7		
	8		
	9		
	10		
	11		
	12		
	13		
	14		

(2) 심상법

한창 시험을 보고 있다고 생각할 때와, 좋아하는 활동이나 휴식을 취하고 있다고 생각할 때 신체적 감각과 느낌은 어떻게 다를까요?

가령, 포근한 침대에 누워 있을 때, 시험이 끝난 후 편안한 소파에 누워 좋아하는 음악을 들을 때, 방과 후 따사로운 햇살을 느끼며 낮잠을 자려 할 때…. 이와 반대로, 준비없이 시험이 코앞에 닥쳤을 때, 시험지를 받았는데 모두 모르는 문제만 가득할 때, 다른 친구들은 모두 열심히 적고 있는데 내 머릿속은 하얀 백짓장이 된 것 같을 때, 혹은 공포 영화를 보거나 사고와 같은 위험 상황에 놓여 있을 때….

불안은 상상만으로도 높아지거나 낮아질 수 있습니다. 자기 스스로를 마음 편하게 하고 평화롭게 만드는 장면을 머릿속으로 자주 떠올리는 연습을 하게 되면 실제로 경험하는 불안 정도를 상당히 경감시킬 수 있습니다.

나를 평화롭게 하는 이야기

어느 봄날 오후, 나는 따사로운 햇살이 드는 2층 거실 창가에 누워 있습니다. 맑은 하늘에는 솜털 같은 구름이 떠가고, 저 멀리 산어귀에는 따사로운 아지랑이가 피어오릅니다. 열린 창문으로 사르르 봄바람이 얼굴을 간질이고, 향긋한 봄내음은 코끝에 와 닿습니다. 잘 정돈이 되어 아늑하면서도 넓게 느껴지는 거실에는 오랜 친구 같은 원목 가구들이 고즈넉하게 자리잡고 있습니다. 살짝 틀어 놓은 클래식 선율이 어딘가에서 가끔씩 들려오는 새소리와 어우러져 한없이 낭만적이고 평화로운 느낌을 줍니다. 아래층 부엌에서는 살림을 손보시는 어머니의 달그락 소리가 안도감과 편안함을 줍니다. 귀여운 강아지 봄이는 아양 떨듯 내 팔에 살짝 얼굴을 부비고, 몸을 기대어 앉아 잠을 청합니다. 힘들고 어려운 과제를 다 마쳤고, 이제 휴식과 여행을 즐길 수 있으리라는 기대에 가슴 한가득 만족감과 행복감이 밀려듭니다. 내가 사랑하고 나를 사랑하는 가족들과 친구들의 얼굴이 떠오르며 스르르 단잠에 빠져듭니다.

이제 다음 페이지에서는 자신의 이야기를 만들어 보세요.

나를 평화롭게 하는 이야기

저자 : ____________

이제부터 '나를 평화롭게 만드는 이야기'를 가지고 심상법을 실천해 보세요. 걱정과 불안이 느껴지는 상황에서도 좋지만, 연습 그 자체를 위해서라도 좋습니다. 그리고 걱정 감소와 긴장 이완의 효과를 평가해 보세요.

'나를 평화롭게 하는 이야기'를 통한 심상법

날 짜	떠올린 횟수	걱정 감소 효과 (10~100%까지)	긴장 이완 효과 (10~100%까지)
	1		
	2		
	3		
	4		
	5		
	6		
	7		
	8		
	9		
	10		
	11		
	12		
	13		
	14		

지금까지 여러분은
자신의 삶의 문제에 대해 도전하고
책임을 다하는 강한 용기를 보여 주었습니다.

여러분은 자신이 어려움과 곤란에 대해 수동적인 자세로 있기보다는 적극적으로 다가가 도전하고 변화시키고자 노력하는 용기와 강한 책임감을 보여 주었습니다.

우울, 공포, 회피, 변명거리 만들기, 포기하기, 다른 활동에 몰입하기, 과도한 경쟁심, 남 탓하기 등은 과도한 시험불안이 가져오는 부작용들입니다.

지금까지 기울여 왔던 노력을 지속하는 한 이 모든 것들은 이제 해결 가능한 작은 골칫거리들에 불과합니다.

자신을 성장시킬 새로운 도전이 여러분 안에서 펼쳐질 것을 믿습니다.

학생용 워크북

학습치료 프로그램

시험 전략

1. 시험 준비 기술
2. 시험 치르기 기술
3. 시험 유형별 대처 전략
4. 시험 후 학습

시험 전략 프로그램의 내용 및 세부 활동

프로그램의 내용	세부 활동
시험 준비 기술	• 시험 준비 기술이란? • 시험 한 달 전 실천해야 할 10가지 • 실천해 보기
시험 치르기 기술	• 시험 대비를 위한 자기관리능력 향상시키기 • 효과적으로 시험 치르기 위한 방법
시험 유형별 대처 전략	• 선다형 문제 풀 때의 지침 • 진위형 문제 풀 때의 지침 • 주관식 문제 풀 때의 지침 • 논술 전략
시험 후 학습	• 오답노트 작성하기

1. 시험 준비 기술

1) 시험 준비 기술이란?

시험 준비 기술이란 시험 전에 미리 시험에 대해 파악하고, 학습 시간과 학습 내용에 관한 계획을 세우고, 자료를 수집하며, 계획에 따라 단계적으로 공부해 나가는 시험 관련 활동을 의미합니다. 이는 시험에 대한 과도한 부담을 줄일 수 있고, 계획적으로 시험을 준비함으로써 시험과 학업에 대한 자신감과 능률을 높여 줍니다. 여기서 말하는 시험 준비 기술은 시험 전 약 한 달 동안 집중적으로 실천해야 할 활동들로 이루어져 있습니다.

2) 시험 한 달 전 실천해야 할 10가지

1 평가가 이루어질 시험의 종류나 유형에 대해 알아둔다.

2 시험 치르기 하루 전까지 수업에 반드시 참여한다.

3 정리 혹은 보충수업이 이루어질 때 꼭 참석한다.

4 가능하다면, 공부 파트너나 스터디 모임을 구성한다.

5 교과서에 나온 내용과 선생님께서 직접 가르치신 수업 내용을 관련지으면서 공부한다.

6 예상 문제를 만들어 답안을 작성해 본다.

7 각 과목별 공부 시간과 양을 계획한다. 과목별로 세 번은 반복한다.

- 3~4주 전 : 훑어보기
- 2주 전 : 정독하기
- 1주에서 시험 전까지 : 요약 정리하고 문제풀이

8 공부한 내용을 자신에게 맞는 효과적인 방식으로 조직화한다.

9 한두 번 보는 것으로 그치지 말고 여러 번 되풀이한다.

10 무조건 책을 읽거나 반복할 것이 아니라 시험 유형에 적합한 방식으로 공부한다.

※ 공부할 때는 기억 전략과 효과적인 읽기 및 필기 전략을 활용합니다.

3) 실천해 보기

앞으로 시험이 있을 때마다 다음의 내용을 지속적으로 실천에 옮기고 자신의 노력 정도를 평가해 보세요.

0점(실천하지 못했다)~5점(매우 실천을 잘했다)

실천 사항		월	화	수	목	금	토	일	총점
평가가 이루어질 시험의 종류나 유형에 대해 알아 둔다.	1차								
	2차								
	3차								
	4차								
시험 치르기 하루 전까지 수업에 반드시 참여한다.	1차								
	2차								
	3차								
	4차								
정리 혹은 보충수업이 이루어질 때 꼭 참석한다.	1차								
	2차								
	3차								
	4차								
가능하다면, 공부 파트너나 스터디 모임을 구성한다.	1차								
	2차								
	3차								
	4차								
교과서에 나온 내용과 선생님께서 직접 가르치신 수업 내용을 관련지으면서 공부한다.	1차								
	2차								
	3차								
	4차								

예상 문제를 만들어 답안을 작성해 본다.	1차								
	2차								
	3차								
	4차								
각 과목별 공부 시간과 양을 계획한다. 과목별로 세 번은 반복한다. 1) 훑어보기 2) 정독하기 3) 요약 정리하고 문제풀이	1차								
	2차								
	3차								
	4차								
공부한 내용을 자신에게 맞는 효과적인 방식으로 조직화한다.	1차								
	2차								
	3차								
	4차								
한두 번 보는 것으로 그치지 말고 여러 번 되풀이한다.	1차								
	2차								
	3차								
	4차								
무조건 책을 읽거나 반복할 것이 아니라 시험 유형에 적합한 방식으로 공부한다.	1차								
	2차								
	3차								
	4차								

2. 시험 치르기 기술

1) 시험 대비를 위한 자기관리능력 향상시키기

시험 대비를 위한 자기관리능력이란 시험 목표 인식, 자기 이해, 계획, 실천, 점검 및 평가와 관련된 일련의 사고 활동으로서 자율적이고 지속적인 노력을 통해서 향상될 수 있습니다. 자기관리능력의 향상은 효율적으로 학업을 수행하기 위한 밑거름이 됩니다.

시험 대비 자기관리능력을 향상시키기 위한 여섯 가지 지침

1	시험에 대한 자신의 태도, 목표 및 동기 등을 확인한다. 시험에 대한 부정적 태도는 시험 때마다 스트레스를 유발하며, 좋은 결과를 얻는 것을 어렵게 한다. 시험에 대한 자신의 생각을 점검해 보라!
2	시간 제한이 있는 시험 상황에서 과도하게 긴장하고 불안해지는 경향이 있다면, 미리 시간 제한을 두고 책을 읽거나 공부하는 연습을 한다.
3	주의집중력을 향상시키기 위해 소설이나 다양한 책을 읽는 습관을 가진다.
4	건강한 생활 습관을 갖는다. 시험 직전에 밤을 새는 것은 기억을 저해하기 때문에 좋지 않으며, 과도하게 배가 고프면 주의집중과 명료한 정신 상태를 유지하는 데 방해가 되므로 식사를 거르지 않는 것이 좋다.
5	시험 치르는 장소에는 여유 있게 도착하고, 공부할 책과 함께 시험을 치르는 데 필요한 도구를 잘 준비한다.
6	시험 직전에는 친구들과 대화를 나누기보다는 혼자 앉아 호흡을 가다듬거나, 시험 후에 있을 흥미로운 계획이나 약속을 떠올린다.

2) 효과적으로 시험 치르기 위한 방법

1	문제를 풀기 직전에 전체적으로 훑어본다.
2	주관식 · 서술식 문제가 있다면 미리 읽어 둔다(객관식 문제를 푸는 동안 답을 생각해 볼 수 있는 시간을 확보할 수 있다).
3	특별히, 시험불안이 높을 경우에는 분명히 알고 있는 문제부터 풀어 둔다.
4	문제를 세심히 읽는다. 특히, 부정문, 이중부정문 등에 유의한다. 예컨대, 적합하지 않은 것, 관련이 있는 것/없는 것, 해당되지 않은 것 등의 질문은 부주의할 경우 반대로 답하는 경우가 흔하다.
5	만약, 풀리지 않는 문제가 있다 하더라도 시간을 끌지 말라. 체크해 놓고 다른 문제부터 푼다.
6	시간 배분을 잘 한다.
7	모르는 문제는 추측을 통해서라도 반드시 답한다. 추측(찍기)은 죄가 아니다.
8	문제가 많은 객관식 시험을 치를 때는 약 10개 단위로 나누어 정답을 옳게 썼는지 답지에서 확인한다.
9	답지를 제출하기 전에 옳게 체크했는지, 빠진 것은 없는지 반드시 검토한다. 답을 밀려 쓴 경우는 침착하게 선생님께 도움을 청한다.
10	이름과 학년, 반, 번호 등을 제대로 기록했는지 최종적으로 점검한다.

3. 시험 유형별 대처 전략

1) 선다형 문제 풀 때의 지침

1	선다형 문제는 유일한 답을 찾는 것이 아니라 가장 좋은 답을 선택하는 것이다. 따라서 모든 답을 다 살펴본 후에 하나를 결정한다.	
2	핵심 단어에 집중하며 문제를 읽는다.	예) • 최초의 한글 소설은…. • 거부권을 행사한 유일한 • 역사상 가장 의미 있는 사건은….
3	제거의 절차를 사용한다. 이는 알고 있는 지식을 활용하여 답이 아닌 것부터 단계적으로 제거해 나가는 방법으로 정확한 답을 찾기 어려운 경우에 특히 유용하다.	
4	절대적인 표현에 유의한다. '항상, 반드시, 언제나' 등의 절대적인 표현이 실제로 적용되는 경우는 드물다. 이러한 표현이 사용되는 경우 특별히 유의해서 보는 것이 필요하다.	예) 아동기 인지 발달의 특성은? (d) a. 반드시 단계적으로 발달한다. b. 예외 없이 적용되는 발달 규준에 의거한다. c. 인지 발달에는 필히 운동 발달이 선행되어야 한다. d. 대부분의 경우 일련의 예측된 단계로 발달한다.
5	표현이 익살스럽거나 냉소적인 것은 오답일 확률이 높다.	
6	복잡하고 포괄적인 답이 있다면 그것이 정답일 확률이 높다.	예) 통신이 발달하면 우리의 생활은 어떻게 변하게 되는가? (c) a. 외국 사람들과의 교류가 많아진다. b. 나라 간 무역이 활발해진다. c. 세계와의 소통이 쉽고 활발해져 경제적, 문화적으로 편리한 생활을 도모할 수 있다. d. 다양한 교육적 혜택이 증가한다.

7	이중 표현 등에 유의한다(특히, 영어의 경우).	예) • It is not unhealthy to be immature. • 예외 준거에 해당되지 않는 것은?
8	'위의 것 모두'는 비교적 정답일 확률이 높다.	
9	동의어가 있는 경우는 둘 모두를 제외시킨다.	예) According to your study skills handouts, the most important thing for college freshmen to learn is_______________ (a) (b, c를 제외) a. time management b. metacognition c. monitoring your own learning d. reading skills
10	비슷한 형식을 취하고 있는 경우는 그 중 하나가 정답일 확률이 높다.	예) Before reading an assigned chapter, you should do which of the following? (b) a. a textbook preview b. a chapter preview c. a time management chart d. some deep-breathing exercises
11	적어도 시험 범위에 해당되는 내용을 공부했다면 생소하게 느껴지는 내용은 잘못된 설명일 확률이 높다.	

연습 문제

선다형 문제 풀 때의 지침에 관한 시험을 치르겠습니다. 오답에 대한 감점은 없습니다. 7, 8번에 배당된 점수는 각각 20점이며, 나머지는 10점씩입니다. 제한시간은 3분입니다.

각 문항을 읽고 적절한 답을 선택해서 번호를 적으세요.

1 선다형 문제를 풀 때는 ___________에 집중하며 문제를 읽는다.

① 단서

② 핵심 단어

③ 주제

④ 줄거리

2 정확한 답을 찾기 어려운 경우에 가장 적절한 방법은?

① 익숙한 것을 답으로 한다.

② 답이라고 추측되는 것을 망설임 없이 선택한다.

③ 답이 아닌 것부터 단계적으로 제거해 본다.

④ 포기한다.

3 ________________(은)는 정답일 확률이 낮다.

① '위의 것 모두'

② 한정적 표현

③ 온건하고 부드러운 표현

④ 표현이 재미있고 익살스러운 것

4 ______________(은)는 정답일 확률이 높다.

① 절대적 표현 ② 이중 표현

③ 포괄적인 기술 ④ 단순 명쾌한 표현

5 ____________________(은)는 오답일 확률이 높다.

① 진지한 표현 ② 용어상 비슷한 표현

③ 의미상 대비되는 표현 ④ 복잡한 표현

6 오답이 아닐 확률이 높은 것은?

① 익살스러운 표현 ② 이중부정문을 사용한 표현

③ 포괄적인 표현 ④ 최상급 표현

7 선다형 시험 치르기 방법으로 가장 적절한 것은?

① 모르는 문제는 가장 긴 설명을 답으로 선택한다.

② 동의어가 두 개 나오면 그중 하나를 선택한다.

③ '위의 것 모두'는 가급적 피한다.

④ 제거 절차를 통해 두 개가 남으면 그중 하나를 선택한다.

8 선다형 시험 치르기 방법으로 적절치 않은 것은?

① 절대적 표현에 주의한다.

② 이중부정문에 유의한다.

③ 비슷한 형식의 보기가 두 개 있으면 모두 제외시킨다.

④ 냉소적인 표현에 주의한다.

2) 진위형 문제 풀 때의 지침

1	진술된 문장이 참(眞)이기 위해서는 모순이 없어야 한다.
2	절대적 표현은 거짓(僞)일 확률이 높다.
3	한정적 표현은 참일 확률이 높다.
4	이중 표현에 유의한다. (특히, 영어에서 이중부정어가 나오는 경우 두 가지 부정어를 모두 지우고 문장을 해석해 본다.)
5	오답에 대한 감점이 없다면 추측으로라도 답을 표시한다.

연습 문제

진위형 문제 풀 때의 지침에 관한 시험을 치르겠습니다. 오답에 대한 감점은 없습니다. 5, 6번에 배당된 점수는 각각 30점이며, 나머지는 10점씩입니다. 제한시간은 3분입니다.

다음 문장의 내용이 맞으면 ○, 틀리면 ×에 동그라미를 치십시오.

1 부정어는 문장의 의미를 완전히 바꿀 수 있다. ○ ×

2 절대적인 의미를 담고 있는 어휘는 대체로 맞지 않다. ○ ×

3 문장의 어떤 한 부분이 틀렸다면, 그 문장은 틀린 것이다. ○ ×

4 한정적인 의미를 담고 있는 문장은 대체로 틀린 것이다. ○ ×

5 이중부정어가 나오면 그중 하나에 밑줄을 친다. ○ ×

6 오답에 대한 감점이 없다면, 확신이 없는 문항에 대해서는 추측으로 답한다. ○ ×

3) 주관식 문제 풀 때의 지침(짧은글, 빈칸 채우기)

1	질문을 정독한다.
2	쓴 답이 전체 문장과 함께 읽었을 때 문법적으로 맞는지 확인한다.
3	감이 오지 않는 경우, 질문 그 자체나 주변적인 것에서부터 단서를 찾는다. 예컨대, 비교, 유사점, 차이점, 순서, 핵심 등의 낱말에 집중한다. 답을 위해 할당된 괄호의 길이나 여백을 이상적인 답의 길이로 참조한다.
4	문항당 배점을 확인하고 배점이 큰 것에 집중한다.
5	답을 쓰기 전에 대략적으로 생각을 정리해 본다.
6	문장, 문법 및 철자법 등에 유의한다.
7	다 쓴 후에는 검토하고 교정한다.

연습 문제

시험 유형별 대처 전략 중 주관식 문제 풀이에 관한 시험을 치르겠습니다. 제한시간은 10분입니다.

(1번부터 10번까지는 빈칸 채우기 문제입니다. 문항별 배당 점수는 5점입니다.)

1 그리스의 수도는 ___________(이)다.

2 석유, 석탄, 천연가스 등을 ____________(이)라고 부른다.

3 세계에서 가장 큰 대양의 이름은 ___________(이)다.

4 세계 표준시의 기준점이 되는 것은 영국의 _________________의 시간이다.

5 _________은(는) 대륙이나 큰 섬 주변의 깊이 약 200m까지의 경사가 완만한 해저이다.

6 1894(고종 31년) 전라도 고부군에서 시작된 동학계 농민의 혁명 운동을 ____________(이)라고 한다.

7 __________(은)는 곰팡이의 일종으로, 빵이나 과자를 부풀어 오르게 하는 효과가 있다.

8 삼각형 내각의 합은 _______° 다.

9 민속악의 하나인 _________(은)는 광대의 소리와 그 대사의 총칭을 말한다.

10 _____________(은)는 시중 통화량이 증가하여 화폐 가치가 하락하는 것을 말한다.

(11번부터 15번까지는 기술식 문제입니다.)

11 시험 준비 기술에 대해 설명하시오(정의, 효과를 포함).

12 시험 한 달 전 실천해야 할 10가지 내용 중 최소 다섯 가지를 기술하시오.

13 시험대비 자기관리능력을 향상시키기 위한 여섯 가지 지침에 대해서 설명하시오.

14 효과적으로 시험 치르기 위한 방법에 대하여 다섯 가지 이상 기술하시오.

15 선다형 시험 치르기 방법에 대하여 세 가지 이상 기술하시오.

4) 논술 전략

(1) 논술형 문제 풀 때의 지침

1	기본적 접근법으로는 논술 전략의 하나인 POWER를 익힌다.
2	질문에서 사용되는 지시어의 의미를 분명히 파악한다.
3	요구되는 질문의 핵심에서 벗어나지 않는다. 질문에서 요구하는 것 외의 정보를 적거나, 필요 이상으로 의견을 피력하느라고 시간을 허비하지 않는다.
4	답을 잘 모르겠으면, 부분적으로 알고 있는 것에라도 충실히 한다.
5	글씨는 알아보기 쉽고 깨끗하게 적는다.
6	문장, 문법 및 철자 등을 살펴본다.
7	검토와 교정을 위한 시간을 반드시 계산에 넣는다.
8	교정하거나 덧붙일 내용을 위해 여백을 남겨 둔다.

(2) POWER의 정의

POWER의 말 그대로의 뜻은 힘, 재능, 능력 등을 뜻합니다. 그러나 여기에서는 논술 전략의 이름으로 각 단계에 해당되는 영어 글자의 첫 자를 따서 만들어진 단어입니다. POWER의 각 단계를 살펴보면 다음과 같습니다.

P(Point) : 지시어 종류 파악하기/문제의 요점과 요지를 파악하기
먼저 시험의 지시어를 살펴봅니다. 지시어는 여러분에게 무엇을 해야 하는가를 알려줍니다. 지시어는 '논하시오', '설명하시오', '기술하시오' 등입니다. 그 다음은 답해 나갈 중요한 개념이나 내용에 초점을 맞춥니다.
O(Organize) : 전개해 나갈 내용을 생각하고 조직화하기
지시어와 핵심 질문에 맞는 답을 머릿속에 떠올리면서 틀을 잡습니다. 마인드맵 등을 활용하여 대강의 내용을 문제지 옆에 그려 두는 것도 좋습니다.
W(Write) : 쓰기
이제, 정리된 생각을 차례대로 적어 나갑니다. 서론, 본론, 결론의 구조를 갖춥니다.
E(Examine) : 검토하기
자신이 적은 내용과 구조(글씨, 철자, 구두점, 정확한 문법 등)를 스스로 점검하고 평가합니다.
R(Rewrite) : 교정적 쓰기
평가를 통해 발견된 문제점들을 차례대로 다시 고쳐 나갑니다(오자를 교정하고, 문장을 가다듬고, 반복되어 있거나 관련 없는 내용은 빼고, 빠진 부분 등을 보충).

(3) POWER 익히기

논술 전략에 해당되는 POWER의 각 단계의 의미와 활동 내용을 기술하시오.

(4) 지시어의 종류

논술 문제에서 사용되는 지시어의 종류

지시어	강조점 및 의미	예
논하시오	사실, 설명 이상의 생각, 의견 및 관점 제시	학교 내 집단 따돌림 대처 방안에 대해서 논하시오.
기술하시오	특성이나 성격의 제시	조선 시대 조세 제도에 대해 기술하시오.
설명하시오	가능한 한 세세하고 구체적으로 제시	우울증의 원인에 대해서 설명하시오.
분석하시오	부분으로 나누어 설명	급증하는 범죄의 원인에 대해 분석하시오.
나열하시오	일련의 순서대로 정보를 제시	역대 대통령의 이름을 나열하시오.
밝히시오	논리적인 방식으로 사건이나 이론의 정립 과정을 제시	정신분석의 발달 과정을 밝히시오.
비교하시오	비슷한 점 중심으로 제시	to부정사와 동명사를 비교하시오.
비판하시오	판단의 근거를 제시	마르크스주의에 대해 비판하시오.
평가하시오	긍정적, 부정적 측면을 논하고 결론을 제시	우리나라 입시 제도에 대해 평가하시오.
예를 드시오	교과서나 개인적 경험의 예를 제시	맹신의 폐해에 대한 예를 드시오.
관련지어 보시오	주제들이 어떻게 관련될 수 있는지 제시	핵가족화와 사회성 발달을 관련지어 보시오.
정의하시오	의미와 뜻을 제시	접사에 대해 정의하시오.
요약하시오	핵심을 간결하게 제시	홍길동전의 줄거리를 요약하시오.
열거하시오	차례대로 혹은 목록으로 제시	염색체 이상으로 인한 질병에 대해 열거하시오.
증명하시오	증거를 통해 가설이나 원리가 참(眞)임을 제시	피타고라스의 정리에 대해 증명하시오.
적용하시오	특정 원리가 어떤 상황에 어떻게 적용될 수 있는지 제시	관성의 법칙을 일상적 생활에 적용해 보시오.
개괄하시오	포괄적이면서도 잘 조직화하여 제시	실존주의에 대해서 개괄하시오.
구분하시오	분류 기준, 차이점에 입각하여 제시	동물의 종류를 구분해 보시오.

(5) 지시어 채우기

다음 문장에 지시어가 빠져 있습니다. 앞에서 살펴본 내용을 참조하여 빈칸에 가장 적절한 지시어를 적어 보세요.

1 대한민국의 역대 대통령 이름을 ______

2 인터넷 교육의 효과를 ______

3 지난 3년 동안의 귀농 인구 비율을 ______

4 자본주의의 이념과 공산주의의 이념을 ______

5 이육사의 시 '빼앗긴 들에도 봄은 오는가'와 당시 시대적 상황을

______

6 제1장 '공존의 이유' 내용의 핵심을 ______

7 다윈의 '진화론'이 발표되기까지의 과정을 ______

(6) 전개해 나갈 내용을 생각하고 조직화하기(예시)

학교 내 집단 따돌림 대처 방안에 대해 논하시오.

1) 포함시킬 내용을 생각한다.
2) 전개 방식(서론, 본론, 결론)을 도표로 간략히 그려 본다.

집단 따돌림의 정의

↓

대처 방안(사회, 학교, 가정, 개인별로)

↓

결론

(7) 쓰기(예시)

앞에서 그렸던 도표를 참고하여 글을 써 나간다.

집단 따돌림의 정의

↓

대처 방안(사회, 학교, 가정, 개인별로)

↓

결론

집단 따돌림은 두 명 이상이 집단을 이루어 특정인을 소외시켜서 그 집단의 구성원으로서의 역할 수행에 제약을 가하거나 인격적으로 무시하고 피해를 주는 언어적, 신체적 행위를 이야기한다. 집단 따돌림의 양상은 따돌리려는 특정인과 대화하기를 거부한다든가, 상대방의 약점을 들추어내서 모함을 한다거나, 혹은 은근히 혹은 공개적으로 비난을 하기도 한다.

이러한 집단 따돌림의 학교에서의 대응 방안은 피해 학생에게 언제, 누가, 무엇을 했는지, 제삼자가 있는지 등 폭력의 범위와 성격을 시간이 걸리더라도 자세히 알아보고, 선생님과 교우들이 함께 협력하여 문제가 되풀이되거나 심화되는 것을 막는 것이다. 비상연락망을 취한다든지, 피해 학생을 중심으로 여러 명이 함께 움직인다든지, 상담과 교육 등을 통해 실질적인 문제 해결 방법이나 구체적인 대처 방식을 가르치고 연습시키는 것이 도움이 될 것이라고 생각한다. 또한 가해 학생들에게도 선입관을 가지고 무조건 잘못했다거나 '못된 아이'라고 치부하며 처벌을 할 것이 아니라, 그들에 대한 충분한 이해를 바탕으로 성격이나 대인관계 패턴, 갈등 등을 찾아내어 보다 바람직한 방향으로 자신의 행동이나 태도를 수정해 나갈 수 있도록 돕는 것이 효과적이라고 생각한다. 마지막으로, 피해 학생이든 가해 학생이든 가정 내에서 보호자의 협조를 구하여 불건전한 환경의 개선, 대화의 증진 및 일관성 있고 권위 있는 가정 교육 등을 해 나갈 수 있도록 하는 방안을 모색하는 것도 중요하다고 생각한다.

요약하면, 집단 따돌림은 사회병리적 현상의 한 형태로 생각되는바, 그 원인과 대응 방안을 특정 개인이나 단체에 귀속시킬 것이 아니라 사회, 학교, 가정, 개인이 함께 공동체 의식과 책임 의식을 갖고 문제를 협력적으로 해결해 나가는 것이 가장 합리적인 대응 방안이라고 생각한다.

(8) 연습 문제

문제 : 인터넷 활용이 또래관계에 미치는 영향을 논하시오.

(9) 검토하기/스스로 평가하기

쓴 글을 스스로 검토하고 평가할 때 사용할 수 있는 평가 문항

내 용		
모든 문항에 답하였다.	예	아니오
핵심과 함께 관련된 내용을 모두 적었다.	예	아니오
포함된 모든 내용들은 적절하다.	예	아니오
형식과 구조		
답안의 내용은 서론(머리말, 도입)으로 시작하였다.	예	아니오
핵심 내용을 본론에 잘 포함시켰다.	예	아니오
요약과 결론을 담고 있다.	예	아니오
글씨는 알아볼 수 있게 썼다.	예	아니오
철자가 모두 맞게 쓰였다.	예	아니오
구두점을 옳게 사용하였다.	예	아니오
정확한 문법을 사용하였다.	예	아니오
깔끔하게 정돈되어 있다.	예	아니오

(10) 고쳐 쓰기(예시)

문제 : 학교 내 집단 따돌림 대처 방안에 대해 논하시오.

집단 따돌림은 두 명 이상이 집단을 이루어 특정인을 소외시켜서 그 집단의 구성원으로서의 역할 수행에 제약을 가하거나, 인격적으로 무시하고 피해를 주는 언어적, 신체적 행위를 말한다. 집단 따돌림의 양상은 따돌리려는 특정인과 대화하기를 거부하기, 상대방의 약점을 들추어내기, 모함을 하기, 은근히 혹은 공개적으로 비난을 하기 등 다양한 형태로 나타난다.

이러한 집단 따돌림의 대응 방안은 크게 학교, 가정, 개인별로 나누어 생각해 볼 수 있다. 우선, 학교에서의 대응 방안은 피해 학생에게 언제, 누가, 무엇을 했는지, 제삼자가 있는지, 폭력의 범위와 성격을 시간이 걸리더라도 자세히 알아보고, 선생님과 교우들이 함께 협력하여 문제가 되풀이되거나 심화되는 것을 막는 것이다. 비상연락망을 취하기, 피해 학생을 중심으로 여러 명이 함께 움직이기, 상담과 교육 등을 통해서 실질적인 문제 해결 방법이나 구체적인 대처 방식을 가르치고 연습 시키기 등이 도움이 될 것이다. 또한 가해 학생들에게도 선입관을 가지고 무조건 잘못했다거나 '못된 아이'라고 치부하며 처벌을 할 것이 아니라, 그들에 대한 충분한 이해를 바탕으로 성격이나 대인관계 패턴, 갈등 등을 찾아내어 보다 바람직한 방향으로 자신의 행동이나 태도를 수정해 나갈 수 있도록 돕는 것이 필요하리라고 본다. 마지막으로, 피해 학생이든 가해 학생이든 가정 내에서 보호자의 협조를 구하여 불건강한 환경의 개선, 대화의 증진 및 일관성 있고 권위 있는 가정 교육 등을 해 나갈 수 있도록 하는 방안을 모색하는 것도 중요하다고 사료된다. 그리고 지역 사회와 국가에서는 전문화된 인성 교육, 학교 내 전문 상담 및 치료 교사의 확충, 의료, 상담 및 전문 기관과의 연계 등이 보다 체계적이고 현실적으로 이루어질 수 있도록 제도적 장치를 마련해야 할 것이다.

요약하면, 집단 따돌림은 사회병리적 현상의 한 형태로서 생각되는바, 그 원인과 대응 방안을 특정 개인이나 단체에 귀속시킬 것이 아니라 사회, 학교, 가정, 개인이 함께 공동체 의식과 책임 의식을 갖고 문제를 협력적으로 해결해 나가는 것이 가장 합리적인 대응 방안이라고 생각한다.

※ 밑줄 친 부분이 교정·보완된 부분임.

4. 시험 후 학습(posttest study)

1) 오답노트 작성하기

(1) 오답노트 작성이 필요한 이유?

- 시험을 '해치워야 될 골칫거리'나 좋은 성적을 얻는 목적으로만 바라보는 것이 아니라 또 하나의 새로운 학습의 기회로 삼을 때 학습의 효과는 극대화되고 최선의 결실을 얻을 수 있습니다. 많은 학생들이 시험에 대한 부담감으로 인해 이미 끝난 시험지를 다시 보는 것을 꺼려하기 때문에, 실제로 오답노트 작성을 통해 얻을 수 있는 상당한 학습 효과를 충분히 활용하지 못하는 경우가 많습니다.
- 오답노트 작성은 자신이 무엇을 알고 있는지 모르는지, 제대로 이해했는지 아닌지, 약점이 무엇인지 등에 대한 이해와 함께, 앞으로 지속되는 시험에 대한 통찰과 통제감을 얻도록 합니다. 또한 반복되는 실수를 막을 수 있으며, 출제 경향이 높은 문제의 유형과 내용을 파악하는 데도 큰 도움을 줍니다.
- 실수를 재확인해야 하는 부담을 피하지 않고 부딪치는 것은 매우 용기 있는 시도이며, 그것은 궁극적으로 학습관리능력과 장기적인 관점에서 학습 효과를 높일 수 있도록 합니다.

오답노트는 ① 학습 효과 극대화, ② 자기 이해, ③ 시험에 대한 통찰과 통제감, ④ 실수 예방, ⑤ 출제 경향 파악 등의 긍정적 효과를 거두게 합니다.

(2) 오답노트 작성법

1. 각 과목별/혹은 주요 시험별 오답노트를 준비한다.
2. 기본적으로 노트는 코넬 노트법 형식을 사용한다.
3. 시험지를 갖고 있거나 복사할 수 있다면 준비한다.
4. 노트에 시험지를 부착한다.
5. 틀린 문제를 색연필 등으로 눈에 잘 띄게 표시한다.
6. 틀린 문제를 노트에 기록하고 실수의 유형과 해결책을 분석한다.
7. 해결책에 적절한 활동을 수행한다.

   예 : 반복하기, 자료 수집, 새로운 정보의 추가, 문제 풀이 연습 등

노트 준비 ⇨ 시험지 준비 ⇨ 문제 유형과 해결책 분석 ⇨ 활동 수행

(3) 실수의 유형과 해결책 분석

실수의 유형	세부 내용	해결책
부주의	문제를 잘못 읽음	이 장의 내용 중 2. 시험 치르기 기술 : 2) 효과적으로 시험 치르기 위한 방법
	성급하게 판단하고 처리함	
	검토 생략	
	계산 과정에서 실수	
시간 관리 문제	사전 준비 기간의 부족	이 장의 내용 중 1. 시험 준비 기술 : 1) 시험 준비 기술, 2) 시험 한 달 전 실천해야 할 10가지, 2. 시험 치르기 기술 : 2) 효과적으로 시험 치르기 위한 방법
	시험 치르는 동안 시간 조절과 안배의 문제	
시험불안	집중, 회상이 잘 안 됨	이 장의 내용 중 2. 시험 치르기 기술 : 1) 시험대비를 위한 자기관리능력 향상시키기, 이 워크북의 시험불안 다루기 전략
	시험을 과도하게 의식함	
	차분하게 해결하지 못함	
공부 부족	아예 모르는 문제	이 워크북의 효과적인 읽기 및 필기 전략, 이 장의 내용 중 1. 시험 준비 기술 : 1) 시험 준비 기술이란, 2) 시험 한 달 전 실천해야 할 10가지
	시험 준비 중 자세히 보지 못해 정확히 알 수 없는 문제	
	핵심을 잘못 짚어 그냥 넘어간 문제	
	본래 취약한 문제	이해와 반복적인 연습
강박적 수행	특정 문제에 지나치게 집착함	이 워크북의 학습동기 향상 전략 중 '자기 이해의 장'에서 장단점을 분석하며 긍정적 해결책을 모색
	복잡하게 생각함	
	결정을 계속 바꿈	
기억의 실패	기억이 날듯말듯함	이 워크북의 기억력 향상 전략
	혼동이 됨	
추측 실패	모르는 문제 추측에 실패	이 장의 내용 중 3. 시험 유형별 대처 전략
	지시어를 잘못 이해함	
기 타		

저자약력

■ 최정원

성심여자대학교 심리학과 학사
가톨릭대학교 대학원 심리학과 석사
가톨릭대학교 대학원 심리학과 박사과정
가톨릭대학교 학생생활상담소 상담 및 임상 인턴과정 수료
계요병원 신경정신과 임상심리전문가 수련
중앙 길병원 신경정신과 임상심리전문가 수련
한국발달심리연구소 연구원
한림인지학습연구원 임상심리전문가
(현) 임상심리연구소 학습과 사랑 대표

[저서 및 논문]
학습효율성증진 프로그램(한국발달심리연구소, 2003)
학습기술개입에 관한 개관(학생생활상담, 2002)외

■ 이영호

서울대학교 심리학과 학사
서울대학교 대학원 심리학과 석사
서울대학교 대학원 심리학과 박사
서울대학교병원 신경정신과 임상심리전문가 수련
임상심리전문가
정신보건임상심리사 1급
한국임상심리학회 회장 역임
(현) 가톨릭대학교 사회과학부 교수

[저서 및 논문]
K-WAIS 실시요강(공저, 한국가이던스, 1992)
심리학-인간의 이해(공저, 학지사, 1996)
임상심리학입문(역서, 학지사, 2001)외 다수

학생용 워크북

학습치료 프로그램
시험불안 다루기 전략 및 시험 전략 ⑧

2006년 8월 30일 1판 1쇄 발행
2019년 6월 20일 1판 6쇄 발행

지은이 • 최정원 · 이영호
펴낸이 • 김 진 환
펴낸곳 • (주) 학지사
04031 서울특별시 마포구 양화로 15길 20 마인드월드빌딩 5층
대표전화 • 02) 330-5114 팩스 • 02) 324-2345
등록번호 • 제313-2006-000265호
홈페이지 • http://www.hakjisa.co.kr
페이스북 • https://www.facebook.com/hakjisabook

ISBN 978-89-5891-358-4 94370
978-89-5891-350-9 (set)

정가 8,000원

저자와의 협약으로 인지는 생략합니다.
파본은 구입처에서 교환하여 드립니다.

학습치료 프로그램 시리즈

[학생용 워크북] 학습동기 향상 전략 ①

값 6,000원

학습동기 향상 전략은 학습에 필요한 마음과 동기를 증진시키는 것을 통해 학업수행능력을 향상시키는 것을 목표로 한다. 목표 및 가치의 인식, 학습동기를 위한 실천 방안, 자기 이해의 장으로 구성되어 있다.

[학생용 워크북] 주의집중력 향상 전략 ②

값 6,000원

주의집중력 향상 전략은 주의집중 문제의 평가, 집중을 어렵게 하는 요인들의 탐색, 주의집중력 향상을 위한 실천 계획 및 전략 훈련을 통해 주의집중력을 향상시키는 것을 목표로 한다.

[학생용 워크북] 기억력 향상 전략 ③

값 6,000원

기억력 향상 전략은 효과적인 기억 방법을 통해 학습 내용을 보다 잘 이해하고 기억할 뿐 아니라, 학습에 필요한 일반적인 사고능력을 향상시키는 것을 목표로 한다. 주요 내용은 학습 준비와 기억 전략 실습으로 구성되어 있다.

[학생용 워크북] 효과적인 읽기 및 필기 전략 ④

값 6,000원

효과적인 읽기 및 필기 전략은 읽기를 위한 준비활동과 핵심 찾기, SQRW를 포함하는 읽기 및 필기 전략 훈련을 통해 학습 내용에 대한 이해와 깊이를 더하고 기억 및 조직화 능력을 향상시키는 것을 목표로 한다.

[학생용 워크북] 사고력 향상 전략 ⑤

값 6,000원

사고력 향상 전략은 생각의 폭과 깊이를 더해 줌으로써 학습능력과 일반적인 문제해결능력을 향상시키는 것을 목표로 한다. 사고력의 개념 이해, 창의적 · 논리적 · 비판적 사고를 증진시키기 위한 전략 및 언어적 추론능력 향상으로 구성되어 있다.

[학생용 워크북] 효과적인 외국어 학습 전략 및 수학적 문제해결 전략 ⑥

값 6,000원

외국어 학습 전략의 목표는 학습 내용을 이해, 저장 및 기억하는 데 필요한 효과적인 학습 방법을 통해 외국어 학습능력의 발달을 돕고자 하는 것이다. 주요 내용은 외국어 학습 전략 살펴보기, 효과적인 외국어 학습 전략의 실제로 구성되어 있다. 수학적 문제해결 전략은 자기 점검 활동과 단계적인 문제해결을 향상시키는 것에 초점을 맞추었으며, 수학적 태도 점검 및 수학능력 향상을 위한 실천 원리, 논리적 · 탐구적 활동을 통해 수학과 친해지기, 초인지적 수학능력 향상을 위한 ISLAND 전략이 있다.

학습치료 프로그램 시리즈

◯ [학생용 워크북] 기초학습능력 향상 전략 ⑦

값 15,000원

기초학습능력 향상 전략은 문자와 구어를 통한 언어적 이해, 표현, 개념화 등의 기초학습 영역에서 어려움을 보이는 학생들을 위해 고안되었다. 주요 내용은 자모 및 낱자 익히기, 음운 인식 훈련을 통한 심화학습, 어휘 유창성 향상, 문장력 및 읽기 이해력 향상에 관한 내용으로 구성되어 있다.

◯ [학생용 워크북] 시험불안 다루기 전략 및 시험 전략 ⑧

값 8,000원

시험불안 다루기 전략의 목표는 자기 이해와 자기 조절 능력의 향상을 통해 과도한 불안을 완화시키고, 궁극적으로 효과적인 학업 수행과 성취를 가능하게 하는 것이다. 시험 전략은 시간적 대비, 시험 유형에 따른 대처법 및 효과적인 시험 치르기 등과 관련된 기술들을 습득하고 활용하는 것을 통해 학습 능률을 향상시키는 것을 목표로 한다.

◯ [학생용 워크북] 효과적인 시간·공간 관리 전략 및 학업 스트레스 관리 전략 ⑨

값 6,000원

효과적인 시간·공간 관리 전략은 시간 관리를 위한 지침, 다양한 시간 관리 전략, 문제 분석 및 학습 공간 관리를 통해 학업 성취에 영향을 미치는 자기 관리 및 자기 조절 능력 향상을 목표로 한다. 학업 스트레스 관리 전략은 스트레스에 대한 개념 이해, 스트레스 요인 탐색 및 다양한 스트레스 대처 전략을 통해 스트레스에 효과적으로 대처할 수 있는 능력을 향상시키는 것을 목표로 한다.

◯ [전문가용] 학습치료 프로그램 지침서 ⑩

값 18,000원

학습치료 프로그램은 심리적 안정과 정신건강 증진을 위한 심리치료적 접근과, 효과적인 학습 전략 획득을 위한 교육적인 접근을 통합하여 초·중·고등학교 학생들의 학습능력과 학습효율성 증진이라는 목표를 달성하기 위한 것이다. 임상 장면에서는 전문가가 주의력결핍과잉행동장애(ADHD), 학습장애(LD) 및 학습지체 아동 또는 청소년에게 이 프로그램을 적용할 수 있으며, 일반 교육 현장에서는 교사가 학생들의 학습잠재력을 개발하여 보다 나은 학업 성취를 이루기 위해 폭넓게 활용할 수 있다.

◯ [전문가용] 어휘 범주화 카드 ⑪

값 14,000원

어휘 범주화 카드를 활용하여 어휘력의 범위와 표현력을 증진시키는 활동을 할 수 있다.

최정원·이영호 공저 / 국배판 / 전11권(학생용 워크북 9권·전문가용 2권) / 세트가 97,000원